和平·分享·行动

2017'
池田大作思想研讨会文集

主　编　温宪元

副主编　王丽荣　神立孝一

华南理工大学出版社
SOUTH CHINA UNIVERSITY OF TECHNOLOGY PRESS
·广州·

图书在版编目（CIP）数据

和平·分享·行动：2017'池田大作思想研讨会文集 /温宪元主编. —广州：华南理工大学出版社，2020.4

ISBN 978-7-5623-6117-6

Ⅰ．①和…　Ⅱ．①温…　Ⅲ．①池田大作-思想评论-文集　Ⅳ．①K833.137=6

中国版本图书馆 CIP 数据核字（2020）第 011070 号

HEPING · FENXIANG · XINGDONG——2017'CHITIANDAZUO SIXIANG YANTAOHUI WENJI

和平·分享·行动——2017'池田大作思想研讨会文集

温宪元　主编

出 版 人：卢家明

出版发行：华南理工大学出版社

（广州五山华南理工大学 17 号楼　邮编：510640）

http://www.scutpress.com.cn　E-mail: scutc13@scut.edu.cn

营销部电话：020-87113487　87111048（传真）

策划编辑：王　磊

责任编辑：王　倩

印 刷 者：广州市人杰彩印厂

开　　本：787mm×960mm　1/16　印张：11　字数：184 千

版　　次：2020 年 4 月第 1 版　2020 年 4 月第 1 次印刷

定　　价：48.00 元

目　录

“和平·分享·行动
——2017’池田大作思想研讨会”致辞

池田大作①

首先，开辟充满希望未来的研讨会隆重开幕，谨此致以诚挚的祝贺！为解决人类所面临的共同问题，各位宏儒硕学雅集于此，谨此向各位致以最大的敬意和谢意。

此次研讨会的主题是“和平”“分享”“行动”，简明扼要地概括了我们正处在环境问题、难民问题、恐怖主义及核武器扩散等问题堆积如山的时代，今天的命题不正是需要我们回归原点去明确规范的吗？

此刻，我想起孙中山先生的不朽宣言——与我友邦益增睦谊，持和平主义，使中国见重于国际社会，且将使世界渐趋于大同。循序渐进，不为幸获。

我深深地感受到孙中山先生朝着大同世界也就是无可动摇的未来——和平社会迈进，分享人类的良知与苦乐，并且坚定不移地一步一个脚印地用百折不挠的行动去推进世界历史进程的昂扬气概。这也是周恩来总理与邓颖超女士以夫妻名义以广州作为新起点去开辟大同世界所继承的博大精神。

此次研讨会正是在当下继承伟大先哲们的“和平”理想，进而使理想向现实更加靠近的集会，并且洋溢着将理想切实地嘱托给未来青年一代的崇高热情。超越时空的崇高的分享就在这里，我对此由衷地赞美！

贵国翻译的佛教宝典中阐述了“四摄法”，其中也讲述了共同繁荣的

①［日］池田大作，日本国际创价学会会长、日本创价学会名誉会长。

四个指标。

第一，“布施”——帮助他人。想办法给予他人鼓励和希望，减少其不安、恐惧。

第二，“爱语”—— 用慈爱的语言，表达内心的关怀、体贴和勉励。

第三，“利行”—— 做能给人方便的行为。

第四，“同事”—— 使自己融入集体，同于大众。

这里显示出了包容任何差异的宽容的智慧以及不屈服于任何考验的团结的智慧，这是与有着悠久历史的中国大地一脉相承的传统文化相契合的。

今年5月，我与贵国原文化部部长王蒙先生的对谈集《赠给未来的人生哲学》出版了。王蒙先生指出，2008年四川汶川大地震之际，我们大大发挥了中国传统文化的力量——抗逆能力与抗逆风格、凝聚力、仁爱之心。

这种精神与此次研讨会“和平”“分享”“行动”的主题是紧密相连的，不也是提高全人类克服困难能力的希望吗?

我认为，将这希望之光更牢固、更紧密地结合在一起的契机就是教育、文化领域的交流。

前几日，很荣幸地在中山大学南方学院举行本人拙作摄影作品展——“与自然对话”。摄影展的日方工作人员向我汇报说：“对贵校尽心尽力的筹备铭感肺腑。”在贵校各位老师的守护下，以贵校学生为主体的运营团队不遗余力的奉献精神、别开生面的创意，无不体现了贵校尽心尽力的关照。

从中日邦交正常化45周年的今年春天开始，我所创办的民主音乐协会邀请中国国家京剧院在日本举行了为期两个多月的52场巡演，大获好评。以“爱”“正义”“报恩”为主题的三大杰出作品被演绎得淋漓尽致，为包括参加学校音乐会的学生在内的75 000多名观众带来了无法忘怀的感动。

周恩来总理长期关注的京剧艺术中，驿动着对于“人类善性”坚不可破的信任，能超越国度、超越时空成为广布灵魂的共鸣与启发之力量!

此外，日本创价大学为纪念周总理夫妇坚定和平友好的信念，每年都会在校内举行重要传统庆典“周樱观樱会”，今年也迎来了中国的青年学子共同度过了有意义的时光。

总而言之，一切的焦点是青年，是年轻一代。我将今年的纪念倡言命名为“集青年之力，创希望黎明”，从“世界上有多少青年就有多少希望和美好的未来”信条着手，围绕联合国可持续发展目标（SDGs）中为了实现“和平、公正且包容的社会”，谈了以青年为中心的“三大支柱”。

（1）意识到大家共同生活在这地球上。

（2）构建能够跨越分化与不平等的社会基础。

（3）在面临困境时，无论多么棘手，亦可将其打破的能力。

我相信，无论是面临地域性课题还是国际化课题，只有相信青年的力量，发掘青年的能量，携手青年人共同行动，才能获得解决问题的无穷助力。就此意义而言，全世界大学和平的联系网络更加凸显出重要性。

在帮助难民解决困难方面，世界各大学协助联合国尽可能扩大难民接受教育机会的举措，意义尤为重大。创价大学也与联合国难民事务高级专员办事处签署了“难民高等教育项目”协议，今年春季迈出了接收难民留学生的第一步。

此刻，我想起宋庆龄先生的名言：“我深信，我们有大量的爱，可以分散给远方那些仍在苦痛中生活的儿童；在我们献身于争取和平的斗争中，我们可以向各个国家的父母伸手，因为我确信世界上所有人民都在追求同一目标——我们的儿童能享受和平与美满的生活。”

在此，我要与敬爱的各位共同分享“人类和平”与“世界儿童幸福”这样的愿望，向着“为了教育的全球社会”的未来，更加坚强地行动。谨此表达我的决心，结束我的致辞。

最后，由衷感谢各位出席。满怀感谢！

二〇一七年五月二十七日

创价大学创办人　池田大作

“和平·分享·行动
——2017’池田大作思想研讨会”综述

温宪元①

2017年5月27日，由广东省社会科学院、中山大学南方学院和创价大学共同举办的“和平·分享·行动——2017’池田大作思想研讨会”在广东省广州市从化区广东温泉宾馆召开。日本创价大学副校长神立孝一教授、创价大学文学院高桥强教授、创价大学世界语言中心汪鸿祥教授、创价大学比较文化研究所松森秀幸副教授和创价学会国际涉外局长冈良幸局长、创价学会国际涉外局国际部梶浦伸作副部长，厦门大学历史学系黄顺力教授、南京理工大学外国语学院池田大作思想研究所张楠副教授、南开大学马克思主义学院郑文娟老师，以及中山大学南方学院王丽荣教授、仲恺农业工程学院高岳仑教授、广东省社会科学院温宪元研究员、肇庆学院池田大作研究所原青林教授和蒋菊副教授等30多位专家学者出席研讨会。

中山大学南方学院综合素养学部主任王丽荣教授主持研讨会开幕式，广东省社会科学院副院长周薇研究员致开幕词，中山大学南方学院校长喻世友教授致欢迎词，创价大学副校长神立孝一教授宣读创价大学创办人池田大作先生的贺词。池田大作先生在贺词中指出：“此次研讨会的主题是‘和平’‘分享’‘行动’，其简明扼要地概括了我们正处在环境问题、难民问题、恐怖主义及核武器扩散等问题堆积如山的时代，今天的命题不正是需要我们回归原点去明确规范的吗?”池田大作先生强调：“在此，我要与敬爱的各位共同分享‘人类和平’与‘世界儿童幸福’这样的愿望，向

---

①温宪元，广东省社会科学院研究员，广东池田大作研究会副会长。

着‘为了教育的全球社会’的未来，更加坚强地行动。谨此表达我的决心。”

日本创价大学文学院高桥强教授、厦门大学历史学系黄顺力教授、仲恺农业工程学院高岳仑教授分别主持了当天上午和下午共三个单元的大会发言，广东省社会科学院温宪元研究员对研讨会进行了简短小结。

上午的大会发言共安排了5位学者。温宪元研究员在发言中指出，池田大作话语体系的“和平”概念，是一个极具“语义承载能力”的独特概念。与此同时，池田大作话语体系的“和平”概念还凸显着鲜明的“行动”维度。在半个多世纪的历史进程中，池田大作依据特定的历史任务赋予其特定的历史语境，从而形成一个特定的行动逻辑，推动着世界和平和为人类幸福奋战终身的预期目标。他在大会发言中，着重从和平与战争的较量来看当今世界发展的态势、“和平”研究应该成为自觉行动两个视角出发，分析和探讨了池田大作和平思想和行动策略，强调指出，随着池田大作先生的毕生行动，研究者需要不断增加研究的视角深度、拓宽行动维度，只有如此，才能使得池田大作思想的研究更加突显其时代意义。研究者需要从自身做起，践行池田大作和平思想，拓展池田大作思想研究的时间和空间领域，从而为共同构建和平社会、推动中日友好和亚洲和平而努力。汢鸿祥教授在发言中指出，池田大作和平思想形成有其客观和主观多方面的原因，其核心内容有生命尊严思想、非暴力思想和共生思想，其根本点在于人，就是追求人的内在和谐、人与人之间的和谐、人与自然的和谐。黄顺力教授的发言就牧口常三郎“人道竞争”概念的提出、池田大作对“人道竞争”思想的继承和发展以及人道主义竞争是实现世界和平的实践途径三个向度，论述创价思想体系中“人道竞争”和“人道主义竞争”思想的由来及其理论和现实意义。松森秀幸副教授的发言则以池田大作先生基于佛教观点而展开的思想内容为中心，尤其是关注池田先生对“不轻菩萨”的解释，来考察池田大作的和平思想。中山大学南方学院综合素养学部黄家瑜老师的发言主要探讨新世纪以来中日关系的演进，分析不同时期两国关系发展的特征，认为即便双方仍存有政治分歧与利益冲突，但资金、人员的交流并没有因此大幅弱化或中断，且中日两国政府皆对确保得来不易的外交果实有着高度共识，保持良性互动是理性选择的结果，和平与合作的持续深化仍然是两国关系的主旋律。

下午的大会发言安排了8位学者，分别是高桥强教授、高岳仑教授、张楠副教授、郑文娟老师、林湘华博士（中山大学南方学院综合素养学部）、原青林教授、姚朝文教授（佛山科学技术学院人文与教育学院）、蒋菊副教授。另外，神立孝一教授、长冈良幸局长、梶浦伸作副部长、王丽荣教授、于增辉博士等利用大会讨论和交流的机会作了简短发言。

高桥强教授发言的题目是“创价教育的‘人格价值’绪论”。他着重指出，创价教育的目的是培养能创造“美、利、善”之价值的人格。考察“人格价值”的内容对现今的意义，包括依据“共生”思想的生活方式，“大我”的生活方式，依据“自他皆幸福”观的生活方式。高岳仑教授指出，池田大作与廖承志建立深厚友谊的实践证明，“和平、分享、行动”是人类缔结友谊不可或缺的法宝，他们两人都是坚持和平理想、分享对话经验、采取和平行动的友好使者，不仅为世界和平事业做出了积极贡献，更为中日两国人民世世代代的友好搭起了金桥。张楠副教授认为，池田大作以佛学生命观为思维基点，把握当代世界的文明状况，指出现代世界的核心问题仍然是“人这个主题”，并将这一立场贯彻到其高等教育理念中，形成了脉络清晰的思想架构。郑文娟老师指出，池田大作和平教育思想引导人们学会通过教育来预防冲突、创造和平、创造幸福，对青年价值观教育有重要的启迪作用；推进青年价值观教育就是要发挥和平教育的引导功能、唤醒功能和驱动功能等育人功能。林湘华博士认为，池田大作先生推崇的“创造价值”思想理念，正是老龄化时代我们每个人需要深思且实践的，她透过阅读池田大作对高龄化社会生存之道的反思，以池田大作先生创造价值的思想观点，结合关于积极老龄化的研究，重新探讨与认识积极老龄化。姚朝文教授认为，池田大作教育思想中分享的内涵至少有：以孩子为中心、亲子共读、身教优于言传、幸福与和平的教育，这些内涵在当今中国依然具有广泛的借鉴和针砭意义。蒋菊副教授从“分享与幸福”的视角围绕研讨会主题进行了探讨。她指出，教师是一个以指导和关怀为职责的职业。分享作为教师职业幸福的源泉，体现在教师的作用、教师的素养及师生关系的和谐等方面。而幸福作为教师职业分享的归宿，源于教师自身健康幸福的心态、恰当的自我认同及懂得享受学生成长过程中的成就等。此外，大连艺术学院李丹副教授提交了一篇题为“日本‘超级全球化大学’人才培养理念、特色及启示——基于创价大学的考察”的论文，结合其在创价大学读博期间的亲身经历，通过对评选项目申报书的解读，对该校“创造性世界市民”的人才培养理念、特色及成果进行考察和分析，在进一步探索日本高等教育发展趋势的同时也加深了对创办人池田大作先生的人本教育思想的认识。南开大学袁婧老师提交的论文是“教育的能量 行动的力量——浅析池田大作的人生教育思想”，她认为，近年来国内学者对池田大作教育思想进行了十分有益的探索，形成了一定的理论成果，但对其人生教育思想的研究尚处初步阶段。她的文章从人生教育思想的原点，即注重培育健全人格出发，进而探讨人生教育思想三位一体的载体模式，最后归于以教育开拓世界和平的理念，从而以新的视角对相关研究进行了梳理和总结。

随后，温宪元研究员作了简短的会议小结，他指出：本次研讨会从2016年9月正式启动筹备，近9个月来，得到创价大学、中山大学南方学院和广东省社会科学院的大力推动，也得到了来自中日两国各有关大学、研究机构的鼎力支持。参加本次研讨会的30多位专家学者，向研讨会提交论文14篇，围绕会议设定的主题进行研讨，质量比较高。大致可从三个方面加以概括：

一是本次研讨会论文作者对池田大作关于和平思想达成比较一致的共识——池田大作的和平思想不仅仅是反对战争、暴力，同时也包括了世界范围内的消除饥饿、贫困、对人权的威胁、世界难民、全球环境污染，以及关注许多其他对和平的威胁等问题。正如他在为本次研讨会发来的贺词中提到的：“在帮助难民解决困难方面，世界各大学协助联合国尽可能扩大难民接受教育机会的举措，意义尤为重大。创价大学也与联合国难民事务高级专员办事处签署了‘难民高等教育项目’协议，今年春季迈出了接收难民留学生的第一步。”二是论文作者对池田大作推动世界和平的行动领域给予了更多的关注。大家认为这也是我们认知和研究池田大作和平思想最为重要，且过去可能是被大家关注比较欠缺的方面，希望今后有更多的学者积极投入关注池田大作推动和平事业的广泛实践和行动之中来。三是研讨会对池田大作始终如一地关心和关注青年在推进世界和平进程中大好作为的积极努力，深表敬佩。特别是在本年度发表的和平倡言，其标题直指“集青年之力，创希望黎明”，内容主要谈论青年的潜力等议题。他指出，“我们不可忘却，青年是‘可能性’的别名，犹如联合国安全理事会第2250号决议所指出，青年在和平建设中扮演重要的角色”。

本次研讨会也有论文作者深入探讨了怎样理解池田大作青年价值观的问题，有的学者指出，当今和平研究在西方已经成为一门显学，建议创价大学将研究“和平”这门显学纳入贵大学的新兴学科建设范畴，设立“和平研究（学）系”，设置有关和平的课程，从和平问题研究转向和平研究学科建设，让更多的青年学生自觉接受池田大作的世界和平理念，在未来推进中日友好和亚洲和平的进程中相互交流，取长补短，密切配合，为共同推进中日两国的文化交流与和平事业发展做出贡献。

创价教育的“人格价值”绪论

高桥强①

创价教育的教育目标是人本教育。要理解其由来，须追溯创价教育的目的。创价教育的继承人池田大作博士（以下简称池田）有如下叙述：“创价教育的目的是在现实生活中创造培养‘美、利、善’价值的人格。把创价教育表现为‘人本教育’，是因为重视培育‘人格’的作业。经由人与人互相接触、人格的磨炼，才能成长”。② 其中，培育“人格”，创造培养“美、利、善”价值的“人格”是人本教育的核心。

《广辞苑》中将“人格”说明为“人品、高尚的人品”，并进一步说明所谓的“高尚”是指“高程度、高雅的事物”，关于“人格教育”“以完成圆满的人格作为目标的教育”，把“圆满”说明为“没有触角、平稳的事物”，不管哪一个内容都含糊不清。该倾向与一般社会大众对“人格”的认识一样。

本文的目的是探讨何谓创造“美、利、善”价值的“人格”。该“人格”在现今社会具有何种意义？并且弄清楚“美、利、善”价值创造之间是怎样的关系。

---

①高桥强，日本创价大学文学院教授。

②[日] 池田大作，顾明远：《平和の架け桥》，东京：东洋哲学研究所，2012 年，第 311 页。

一、“美、利、善”之价值

（一）《创价教育学体系》的观点

关于“美、利、善”之价值，创价教育学的创始人牧口常三郎（亦是创价学会第一任会长）在他的著作《创价教育学体系》(1931)（第3编价值论·第5章价值的系统）中有所论及，本文根据该书做了以下归纳。

①“美”是指对能引发人舒服、舒畅的惊异感觉的对象，基于自己的判断标准来给予的美的评价。美的价值又是感官上的价值，是个人的价值。②“利”是指有益于伸张（发展、开发）人生命的东西，反之缩短人生命的东西叫作“害”。创价教育的继承者池田大作把这个内容从他的生命论来扩展为“发展、开发人生命的无限的可能性”。利的价值又是个人的全人的价值，是个人的价值。[①] ③“善”是指公益，不是只为了自己和家庭的利益。善的价值又是团体的社会价值，是社会的价值。[②]

池田对于“利”的解释为：之所以将“利”列入价值中，是因为牧口会长了解在现实生活中包含经济价值的“利”对人们多么重要。池田对于牧口会长的想法，即“只要不对社会的共同生活造成危害，且在许可的范围内，那利益活动本身也是无意识地在为社会幸福做出贡献”给予很高的评价，并且还认为，牧口会长所说的“利”不仅仅是以满足自己的经济利益为目标，而是为他人奉献，即以产生“善”的价值为最终目的。[③] 在此发现牧口会长的“利”的价值创造已包含与他人共存的社会概念。[④]

①[日] 宫田幸一：《心の创造、心の価値》，东京：三心堂出版社，1999年，第131页。

②[日] 宫田幸一：《心の创造、心の価値》，前揭书，东京：三心堂出版社，第140、146、150页。

③[日] 池田大作，顾明远：《平和の架け桥》，前揭书，东京：东洋哲学研究所，2012年，第313－314页。

④[日] 池田大作：《新·人间革命》（第24卷），东京：圣教新闻社，2012年，第237页。

（二）《人生地理学》的观点

在《创价教育学体系》里展开的“美、利、善”之价值论在牧口会长的著作《人生地理学》（1903）“绪论”中的“8 种精神的关系”中，特别是在“利用的关系”“审美的关系”“道德的关系”“公共的关系”里能发现其内容的渊源。

这“8 种精神的关系”为：知觉的关系、利用的关系、科学的关系、审美的关系、道德的关系、同情的关系、公共的关系、宗教的关系。① 笔者认为其中“利用的关系”“审美的关系”“道德的关系”“公共的关系”是后来发展为“美、利、善”之价值论的基础。

人类通过“利用的关系”能养成利用对人类生存有益的事物，并排除对人类有害的事物之能力。笔者认为这个内容就是“利”之价值创造论的渊源。

“美”是那些刺激了人们的感官，让他们为此感到兴奋，且博得他们的赞赏的事物。根据善、恶、美、丑的标准，人们进行判断后深受感动，他们的内心会变得纯洁、清净，那时人们会自然产生以咏诗、唱歌、绘画、石刻来表达感动的心情。这些是“审美的关系”，它又连接着“美”之价值创造论。

人类赞叹自然界的美与赞美人间的善，都是出自同样的心理。因此，欣赏自然界的美是由道德的善之行而表现出来的。形成这样的行为称为“道德的关系”，这关系是‘善’之价值创造论的渊源之一。另外一个渊源是“公共的关系”，在此关系中，人们会了解自己属于社会，得到社会的恩泽，共享社会的命运。于是这颗对社会的所谓公共之心形成公益精神、爱乡之情、爱国之心、人道等公德心的基础。

“8 种精神的关系”中，“利用的关系”“审美的关系”“道德的关系”“公共的关系”以外的 4 种关系的内容如下所示。“知觉的关系”：增进新知识，开发智力。“科学的关系”：养成考察事物间的因果关系，并形成统合概念之能力进而发现相关性的原理。“同情的关系”：与父母、兄弟朋友及邻居来往时，常因为他们的言行举止所表现出来的苦乐、悲欢而受到影响，引起恻隐之心，这样的心情称为“同情（笔者认为这包含同甘共苦、

---

①［日］牧口常三郎：《人生地理学 1》，东京：圣教新闻社，1996 年，第 48 – 57 页。

慈爱、慈悲)”。对人类以外的动物或植物也是如此。“宗教的关系”：探讨人类历史及其命运，并发现在极其复杂的变化状态中，存在着一种井然有序的力量。以上4种关系，比如透过“科学的关系”和“宗教的关系”使人探究真理，透过“知觉的关系”促进智力开发，透过“同情的关系”引起慈悲之心等，在培养人类的人格方面起了很大的作用。

二、“人格”乃至“人格价值”

（一）《创价教育学体系》的观点

牧口在《创价教育学体系》（第3篇价值论·第6章人格价值）中说：“所谓‘人格’一词，是表示人的评价结果，明显地包含人的价值。”① “人格一词已经含有评价的意义，也有表示其结果的价值，几乎和价值一词有相同的意义。价值的有无、高低、尊卑等，可以说和人格一词交换使用亦无不可。”② 因此，以下从该章的“人格价值”的观点进行思考。

“人格价值”有两个重要因素。一是目的观的等级；二是人格统整力量的强弱。首先就前者，目的观有3个等级。第一是把个人生存视为最高目的，以此为中心去采取一切行动者。第二是认为有比个人生活更大的社会存在，个人只是它的一个要素，以此见去采取一切行动者。第三是在上述的中间阶段，是一种即使意识到个人的生活，但未意识到社会存在的人。从等级的观点来说，第二是最高级，第一是最低级。③ 对这3个内容进行比较就会发现，在“社会的存在”和“个人的存在、生活”的关系上有差别。第一是以自我为中心的。第三是对“社会的存在”的认识较低，倾向于重视“个人的存在、生活”。第二是认识“社会的存在”，把“个人的存在、生活”置于社会全体中，并在那些关系中行动。

---

①[日] 牧口常三郎：《创価教育学体系Ⅱ》，东京：圣教新闻社，1996年，第208页。

②[日] 牧口常三郎：《创価教育学体系Ⅱ》，前揭书，东京：圣教新闻社，1996年，第209页。

③[日] 宫田幸一：《心の创造、心の価値》，前揭书，东京：三心堂出版社，1999年，第153页。

牧口就“社会的存在、继续”和人类之间的关系论述如下：“社会的生存，必然是来自生物本能保存种族的最大目的，也是人类的目的。因此，社会从其生存上赋予人价值，区别为不同的阶级，给予不同的待遇，或者尊敬，或者排斥，加以制裁。”① 由于社会的生存是人类的目的，所以按照克服自我为中心的去为社会生存的行为，来定人格的阶级。

就后者而言，人格统整力量的强弱，需要精神和身体的统整及心身两方面的部分和部分、整体和部分的统一调和。尤其是精神方面，要前后不同时间都没有矛盾。② 这是有关言和行不同的“言行不一致”的内容，牧口说：这显然是表示人格不统整，将成为确立信用的阻碍。牧口以人的行为去掌握人格统整，并说：人类的特征是配合目的去行动的统一体。③ 与上述的因素一“目的观”的关联而言，配合“两个目的”的行为，即克服自我为中心的去为社会生存的行为可以说具有很强的人格统整力量。

（二）《人生地理学》的观点

在《人生地理学》“绪论”里的“乡民、国民、世界民自觉”中，以及“第28章生存竞争地论”里的“人道方式”内容中有论述上述“人格价值”两个重要因素的具体内容。

从和“人格价值”的因素一“目的观”的关联而言，可以指出以下内容。牧口为了在“社会的存在”和“个人的存在、生活”之间构筑适当的关系，在《人生地理学》“绪论”中提倡要有“乡民、国民、世界民”三个层面的自觉。具体地说：“我们须自觉故乡是出生、孕育我们的床褥；日本国是我居住的家；世界各国是我们的邻居，彼此间经由交往、合作、友好、冲突而度过此生。”④

牧口还强调：每一个人都需理解自己既是乡民、又是国民、还是世界

①[日] 宫田幸一：《心の创造、心の価値》，前揭书，东京：三心堂出版社，1999年，第151页。

②[日] 牧口常三郎：《创価教育学体系Ⅱ》，前揭书，东京：圣教新闻社，1996年，第222页。

③[日] 宫田幸一：《心の创造、心の価値》，前揭书，东京：三心堂出版社，1999年，第154页。

④[日] 牧口常三郎：《人生地理学1》，前揭书，东京：三心堂出版社，1999年，第29页。

民，才能自觉正当而踏实的立足点，才能得以确认自己应尽的职责。然后，才能采取正当、踏实的行动，在世界的竞赛（冲突）里，才能指导世界的共同生活（协同、和合）。①

和上述《创价教育学体系》中“目的观”联系起来思考，能够说明以下内容，即在“乡民、国民、世界民”三个层面认识各自“社会的存在”，并将“个人的存在、生活”放置在整个社会中，在各自的关系中行动。

和“人格价值”的因素二“人格统整”联系起来思考，能够指出以下内容。牧口为了实现人格统整以及心身两方面的统整调和，在《人生地理学》（第28章生存竞争地论）中提倡“人道方式”。如上述“乡民、国民、世界民‘共同生活于和谐与竞争、和睦与冲突的世界中’”。那么人类应该怎样去应付这种状况呢？

对此牧口提倡的是“人道竞争形式”。牧口说，人类经过了军事竞争时代、政治竞争时代、经济竞争时代，今后的人类要根据人道主义竞争形式来互相竞争。牧口还说，个人之间的最终竞争形式已经表明为人道主义竞争，所以国家间的人道主义竞争时代即将到来。那么人道主义竞争形式是什么样的形式呢？牧口说：“以无形的力量自然地去熏陶，即以使人心服取代以威力的制服。不以利己主义扩张领土并征服他国，以望风、怀德、自然具有的品德、仁义的方法，适合于人道。”他还说，不以利己主义为目的，要使自他的生活都能受到保护和促进，选择既有益于他人，同时也益于自己的方法。②

和上述《创价教育学体系》中“目的观”联合起来思考，能够说明以下内容，即“人道方式”是一个以克服自我为中心、为社会存在之行为的具体方式。

透过以上的思考，发现《人生地理学》“绪论”中的“8种精神的关系”对培养人格做出很大的贡献，并可根据该书“绪论”中的“‘乡民、国民、世界民’自觉”“第28章生存竞争地论”中的“人道方式”，利用“8种精神的关系”培养更高的人格价值。

---

①[日]牧口常三郎：《人生地理学1》，前揭书，东京：三心堂出版社，1999年，第29页。

②[日]牧口常三郎：《人生地理学5》，东京：圣教新闻社，1997年，第177-184页。

三、“人格价值”的内容对现今社会的意义

（一）依据“共生”思想的生活方式

池田用以下的想法说明现今被要求的人格基准。即“比起‘对立’还是以‘协调’，比起‘分裂’还是以‘结合’，比起‘我’还是以‘我们’为基准，人类伙伴还是有人类和自然相互依存且共生共荣的心的倾向”①。这就是“共生”思想。

如同上述池田所强调的“共生”，池田的基本看法诚如以下整理所示。“佛教称‘共生’为‘缘起’。诚如‘缘起’所写的一样——因缘而产生，不论人类世界还是自然界都不能单独存在，全部都是互相一边因缘而生一边形成现象界。即事物如实的姿态与其说个别性不如说相互关联或相互依存”②。“佛教的缘起观促使人和自然的万象在因缘而生起的相互关系中，尊重彼此的特质，互相发挥，共生共存”③。“所有的一切生物相互关联、相互依存，构成一个生机盎然（内在调和）的世界，用哲学的语言来说，就是意义关联的结构”④。“宇宙的森罗万象都是一切事物互相依靠，没有东西是无用的，也不会有没意义的东西”⑤等。

关于人类与环境的关系，“缘起”思想中有“依正不二（合一）”的原理。据该原理，“正报”是人自身，“依报”即是围绕在人类周围的一切环境。人的自身与周围环境密不可分，是在相互影响和相互渗透中进行调和的。这是该原理的基本想法。

池田所依据的“依正不二”原理在佛典中简洁来说就是“没有正报就

①［日］池田大作：《21世紀文明と大乗仏教——海外諸大学での講演選集》，东京：第三文明社，2007年，第149页。

②④［日］池田大作：《21世紀文明と大乗仏教——海外諸大学での講演選集》，前揭书，东京：第三文明社，2007年，第30页。

③［日］池田大作：《「人間主義」の限りなき地平——海外諸大学での講演選集Ⅱ》，东京：第三文明社，2008年，第98页。

⑤［日］池田大作：《21世紀文明と大乗仏教——海外諸大学での講演選集》，前揭书，东京：第三文明社，2007年，第167页。

没有依报，正报以依报作之”。以下根据池田的解说思考人类与环境的关系。首先分析前半部的“没有正报就没有依报”。某学者曾经说过，对于“没有正报就没有依报”的观点，人即使在死去之后，他所生存的环境与世界还是会照常运转！但是这里的“正报”，是指主观的事物。若是以客观的角度来看，是没有所谓的“正报”的。假设从客观的角度来考虑，如果一个人死去，环境世界就应该全部发生改变。因此可以说地球上存在多少个体，就有多少个数量相等的环境存在。并且，一个人在高兴时和痛苦时，所感知到的环境是不同的。①

佛典后半部的“正报以依报作之”对前半部的“没有正报就没有依报”有着补充“依正”的存在。池田认为，前半部分所说的虽然有主观判断以及唯心论的成分，但是以最新的生态学视角进行了补充，给了“依正”很好的平衡。这种重视环境的视角与“没有正报就没有依报”的理念相融合，人与环境相互渗透，扬弃了真正的“共生”状态。② 从池田的视角来说，“依正不二”论本身可以说是和谐论。

对于作为“正报”的人来说，“依报”也就是环境，是由自然环境与社会环境组成。没有社会环境，也就不可能有作为社会性存在的人。一方面，人创造了社会环境是一个事实；另外，自然环境如大地、水、太阳、空气以及一切动植物，这些都与作为生物性存在的人有着紧密的关系。另一方面，人创造了新的人为的环境也是一个事实。于是，社会环境与自然环境所融合的整体就是“环境”，它在创造人的同时，也在不断地被人所创造。③

综上所述，在人界和自然界的森罗万象的关系上，并且在意义关联之中，能够促进“审美的关系”和“道德的关系”的发展，创造“美”和“善”的价值。

---

①[日] 桐村泰次：《仏法と人間の生き方》，东京：第三文明社，1973年，第118页。

②[日] 池田大作：《「人間主義」の限りなき地平——海外諸大学での講演選集Ⅱ》，前揭书，东京：第三文明社，2007年，第69页。

③[日] 桐村泰次：《仏法と人間の生き方》，前揭书，东京：第三文明社，2007年，第119页。

（二）“大我”的生活方式

如果强调“共生”的重要性，那么“如何把主体性放在正确的位置”则成为一大课题。

对这个课题，池田以朱子学说中的关键词“为己之学”（为自己的学问）、“克己复礼”（约束自己并复归礼仪）如下说道：前者首先要回归自我，也就是以自我认识、自我理解为第一要义，贯穿着极其内向的、内省的基调，包含着个人自立性的概念。后者明确地提出了一个视点，即透过自己的内省，通过“礼”承认和尊重他人的存在这一社会约束，进而与“他人”交往。①

在这里，强调第一要义的反省个人的自立性，不过也强调尊重他人，注重与他人的相互交流。这点是值得重视的。关于后者，池田特别介绍了狄培理的叙述：“与他人最密切地交往时的自我姿态，才是呈现作为真正自我的人格主义的部分”。②

从这里可以看出池田和狄培理都对与“他人”的密切交往给予关注和评价。那么，具体怎样的交往方法才是必要的呢？

以下是池田对这个课题的陈述。“佛典说，‘自己才是自己的主人。否则有谁能做自己的主人？能充分控制自己，人即得到难得之主人’‘把自己当作灯火，把法当作灯火，莫把他人当作灯火。归依自己，归依法。莫归依他人。’不要被他人纷扰，应忠实于自己、活得有主体性。但是，这里所说的‘自我’不是囿于利己主义的‘小我’，而是指时间、空间都无限地融合于因果交织之宇宙生命的‘大我’”③。“大乘佛教所说的这个‘大我’‘开放人格’指把一切众生之苦当作一己之苦，经常面向现实社会的人群，展开拔苦与乐的行动”④。换言之，在这里促进与“他人”同甘共苦这样的“开放人格”，进而向“他人”展开拔苦与乐的行为，克服囿

①创价大学学生自治会：《創立者の語らい？記念講演篇Ⅱ》，1995 年，第 22－24 页。

②创价大学学生自治会：《創立者の語らい？記念講演篇Ⅱ》，前揭书，1995 年，第 29 页。

③［日］池田大作：《21 世紀文明と大乗仏教——海外諸大学での講演選集》，前揭书，东京：第三文明社，2007 年，第 33 页。

④［日］池田大作：《21 世紀文明と大乗仏教——海外諸大学での講演選集》，前揭书，东京：第三文明社，2007 年，第 35 页。

于利己主义的"小我"而确立"大我"。池田提倡通过同甘共苦即慈悲的行为，克服自我中心主义，提倡融合宇宙生命"大我"的确立。以自己的自立作为目标的个人利益的"利"的价值创造，是指立志为了他人利益的"善"的价值创造。

从前述的"依正不二"论的观点来考察"大我"的确立的话，需附加什么样的内容呢？依据池田的解释可整理如下。正如"正报以依报形成身体"这句话所说的，人是由社会及自然环境的保护和支持才能成长、发展的。另一方面，正如"没有正报也就没有依报"，环境也有待人的生命的推动，才能形成和转变。因此，要造就怎样的环境这一主体的干预方式和责任，可说是完全在于人。① 从池田的解释就能了解在前述佛教经典的前半及后半部分，不管哪一部分都指出协调创出的重点及责任都在于人。

大乘佛教承认所有生物中人的独特性。人这种生命存在的独特性，是与菩萨道有着联系的。也就是说，只有人才能认识到缘起观这一世界的相互关系，才能去为生态环境与其他生物服务。总而言之，只有人才可以使用慈悲与非暴力影响到一切有生之物。并且，人对于能够生存在这样相互联系的自然界深存感激，并用这份心情控制自己的心，从而谋求生活方式的改变。池田将人的使命定于一切生物的"调节者"与"保护者"的位置之上。②

在人与环境的相互联系中，若站在池田的"主观性的行动，其责任在人这边"③ 的立场上，那么，人能够做到慈悲、非暴力和控制欲望，"依正不二"论才能够成立。从"依正不二"的观点来看，也可了解人需要慈悲行为以及透过其来控制欲望。换言之，在这里也被要求"大我"的生活方式。

（三）依据"自他皆幸福"的生活方式

池田根据佛说"譬如为人点火，明在我前"强调为他人的幸福尽力，

---

①季羡林，蒋忠新，［日］池田大作：《東洋の智慧を語る》，东京：东洋哲学研究所，2002 年，第 284 页。

②川田洋一：《創価学会がめざすもの》，东京：第三文明社，2000 年，第 103－104 页。

③川田洋一：《創価学会がめざすもの》，前揭书，东京：第三文明社，2000 年，第105－106 页。

自己也会幸福。即“使人幸福多少，自己的幸福也会倍增”①。

就这点，池田从生命哲学的角度来展开：照顾了多少人，亦即培养了多少他人的‘生命力’，自己本身的‘生命力’也会倍增。扩大他人的生命境涯多少，自我的生命境涯也就会扩大多少。此即是菩萨道的妙。是‘利他’与‘利己’的一致。② 在此所说的菩萨道就是慈悲的行为，个人的自我（小我）透过慈悲的行为，实现与宇宙的自我（大我）融合，不仅能让自己扩大也能克服欲望，池田把这种情况表述为“利他”与“利己”的一致。池田在“自他皆幸福”中发现“利他”与“利己”的一致。

“救助他人，自己也会得救”。在心理学中也有这样的说法，“对于心灵受伤、失去生存力量的人，如何能振作奋起呢？人往往面对自己的痛苦便愈消沉。相反的，走到与自己有同样痛苦的人跟前，向他伸出援手，这反而会恢复自己活下去的力量”③。

“使人幸福多少，自己的幸福也会倍增”，在这提示的背后有与自身生命有缘的所有环境互相关联的“缘起的智能”。池田经常主张“不将自己的幸福创建在他人的不幸之上”“既不会有唯独自己幸福，也不会有唯独他人不幸的情况”“不顾他人的幸福，就没有自身的幸福可言”。④ 他还把它展开说：不顾及他人，自私自利地只追求自己幸福，无法得到永不崩溃的真正幸福，同时为他人的幸福牺牲自我的生活方式，也不算是真正的幸福。⑤ “真正的幸福”也许是在不仅为自己的幸福，也为他人的幸福而努力奋斗中才能得到的。⑥ 池田指出“利己主义不仅造成自身的不幸，伤害自

①池田SGI会长指导选集编集委员会：《幸福と平和を創る智慧·第1部（下）》，东京：圣教新闻社，2015年，第59页；［日］池田大作：《名言100选》，东京：中央公论社，2010年，第20页。

②［日］池田大作：《法華経の智慧（4）》，东京：圣教新闻社，2006年，第208页。

③池田SGI会长指导选集编集委员会：《幸福と平和を創る智慧·第1部（下）》，前揭书，东京：圣教新闻社，2015年，第82－83页。

④池田SGI会长指导选集编集委员会：《幸福と平和を創る智慧·第1部（下）》，前揭书，东京：圣教新闻社，2015年，第59－60、79页。

⑤池田SGI会长指导选集编集委员会：《幸福と平和を創る智慧·第1部（下）》，前揭书，东京：圣教新闻社，2015年，第60页。

⑥创价学会指导集编辑委员会：《创价学会指导集》，东京：圣教新闻社，1976年，第188页。

己，也伤害他人。其实利己主义在世上造成很多不幸、悲惨"① 的观点极为重要。为"他人"利益的行为，即"善"之价值的创造，结果还是有益于个人的利益，即"利"之价值的创造。

结语

牧口把创价教育的目的定为创造"美、利、善"价值的人格的育成，并且在探求该人格时，由于"人格"已被表现为人的价值的结果，所以他使用"人格价值"一词。牧口提出"人格价值"有两个重要的因素：目的观的等级和人格统整力量的强弱。以这两个因素为基础的目标人格能如下叙述：不以个人的生存为最高目的，认识社会的存在、个人的存在，生活只是其中之一的要素，并以这见解去采取一切行动。克服以自我为中心的行为，采取为了社会存在的行为，并且坚持这样的目的观，采取符合这目的的行动，这可视作拥有较强的人格统整力量。

牧口教育思想的渊源可从《人生地理学》里找出。其中提倡每一个人应理解自己是"乡民、国民、世界民"这三个层面的自觉，对前述的"人格价值"补充以下内容。即认识在这三个层面上的"社会的存在"，并把"个人的存在、生活"放置于整个社会中，在各自的关系中去行动。再加上人道方式，即不以利己主义为目的，提倡有益于他人，同时也益于自己的方法，克服以自我为中心、为社会继续存在之行为的具体方式。

创价教育的继承人池田大作根据佛教思想和现代思潮等各种各样的观点去深入探讨牧口的教育思想，从池田的言论来考察上述的"人格价值"之于现今的意义，可归纳出以下三点。

第一是提示基于"共生"思想的生活方式。与其说个别性不如说相互关联或相互依存，促进尊重彼此的特质，互相发挥，共生共存。在这样的相互依存、意义关联之中能促进"审美的关系"和"道德的关系"的发展，并创造出"美"和"善"的价值。

第二是提示"大我"的生活方式。强调第一要义的反省个人的自立性，不过也强调尊重他人并注重与他人的相互交流。怀着与他人同苦的

---

①创价学会指导集编辑委员会：《创价学会指导集》，前揭书，东京：圣教新闻社，2015 年，第 188 页。

“开放人格”，通过拔苦与乐和他人交往，提倡克服自我中心的“小我”（个人的自我），以“大我”（宇宙的自我）作为目标。以自己的自立作为目标的个人利益的“利”的价值创造，是指立志为了他人利益的“善”的价值创造。

第三是提示依据“自他皆幸福”观的生活方式。强调为他人的幸福尽力，自己也会幸福。即“使人幸福多少，自己的幸福也会倍增”。这里的“小我”透过慈悲的行为，得到与“大我”的融合，不仅达成自己的扩大也达到克服欲望，即“利他”与“利己”的一致。为“他人”利益的行为，即“善”之价值的创造，结果还是有益于个人的利益，即“利”之价值的创造。

池田大作与廖承志建立深厚友谊的法宝

高岳仑[①]　蔡立彬[②]

长期以来，池田大作先生与世界各国政要、文化名人多有交往，朋友遍及全球；其中，池田先生和周恩来、华国锋、邓小平、胡耀邦、李先念、江泽民、李鹏、胡锦涛、温家宝等中国国家领导人都有过历史性会见甚至多次交谈，然而，与池田先生见面最早、接触最多、交往最深，建立了深厚友谊的则是党和国家的优秀领导人廖承志。

从1973年至1979年，池田大作与廖承志先后在东京、北京正式会见和交谈达11次之多。这两位“忘年交”最后一次会见是在1979年5月19日，当时，为了中日之间的友好交流，以中日友好协会会长廖承志为团长的中日友好之船——“明华号”访问团成功地进行了环绕日本一周的友好访问活动。访问团到达东京时，池田先生前往廖承志下榻的酒店与之进行了亲切会谈。在此之后的1980年至1983年，池田先生和廖承志虽未再次见面与会谈，但彼此之间始终牵挂着，多次互寄新年贺卡，或委托友人转达问候。1983年6月，廖承志与世长辞。第二年（1984年），池田先生第六次访华时，特别“到访廖家，对其遗属经普椿夫人及其儿子表示了深切的问候，并追忆廖承志令人尊敬的一生”[③]。

如果说池田大作与廖承志建立深厚友谊有什么法宝，那就是：和平、分享、行动！

---

①高岳仑，仲恺农业工程学院廖承志与池田大作研究中心主任、教授。

②蔡立彬，仲恺农业工程学院廖承志与池田大作研究中心副主任、教授。

③[日] 池田大作：《新人间革命（第30卷）》，圣教新闻（日本），2017年3月27日，第3版。

一、和平：为实现人类终极目的而坚定理想

池田大作与廖承志见面之前都有着坚定的和平理想，这恰是他们得以建立深厚友谊的基础，亦即以和平为共同理想者必能携手同行。

（一）强烈的和平愿望升华为坚定的和平理想

池田先生认为，和平——这是人类的终极目的①。在创价学会第一代会长牧口常三郎、第二代会长户田城圣的影响与指导下，第三代会长池田大作以坚决反对战争为起点，牢固树立和坚守着和平理想。自1975年1月26日创立国际创价学会（SGI）后，池田先生更多地在全球范围内为世界和平奔走呼号。为唤起人们的和平愿望、和平理想并为之不懈奋斗，从1983年至今，池田先生每年都会在国际创价学会成立纪念日（1月26日）发表和平倡言，就亚洲以至全球问题等提出真诚建议，即为一系列和平倡言。通过和平倡言，池田先生以彻底的自我革新精神，吸取东西方哲学思想精华，以宗教思想家的睿智，为解决世界难题、实现和平理想建言献策，形成了以尊重生命、热爱自然、开展文化教育交流为主要内容的和平思想体系。

廖承志也是一位有着和平理想的杰出社会活动家，1950年代初，他作为中国代表团团长，赴华沙出席第二届世界保卫和平大会，被选为世界和平委员会委员。作为中国保卫世界和平的使者，他多次参加世界和平会议并进行了许多横贯东西的国际友好访问，其中包括1954年10月，他与中国红十字会总会长李德全一道，率领中华人民共和国第一个正式访问团——中国红十字会代表团访问日本。1963年10月，中日友好协会在北京成立，廖承志当选会长，从此，乐于担当世界和平使命的廖承志为中日友好事业投入了更多的智慧与精力。

1968年9月，池田大作发表了著名的“日中邦交正常化倡言”，在中日两国和国际上都产生了很大影响，为推动中日两国邦交正常化做出了积极贡献。当时，中国《参考消息》、日本《朝日新闻》等新闻媒体对池田

①［日］池田大作：《和平与教育》（和平与教育：池田大作国际学术研讨会献词），北京：教育科学出版社，2010年，第1页。

先生发表倡言进行了充分报道，廖承志对池田先生本人及其倡言予以高度赞赏。直至6年后，当廖承志接待首次访华的池田先生时还一再强调："我们清楚地记得池田大作先生早在1968年就明确地反对制造‘两个中国’的阴谋，主张日本应该正式承认中华人民共和国，恢复中国在联合国的合法地位。1969年，池田先生还著书明确提出要同中华人民共和国缔结和平友好条约。我们对池田先生在中日关系问题上的远见和积极的态度表示赞赏和敬佩。"①

和平愿望促进友好交往，并在建立和巩固友谊的进程中升华为更加坚定的和平理想。池田大作对廖承志促进友好交往、坚定和平理想同样予以高度赞赏。池田先生在《日中友好的桥梁——已故廖承志先生》中写道："在给周围的同志加油鼓劲的同时，自己又如磁石般地吸引众人。他真不愧是与周总理一体同心的楷模。我亦总是把他视为总理的代理人而与之交流"。"我与周总理只见过一面，但我已深为满足。""自那以来，转眼已过22年，中日‘金桥’栏杆的左右两侧将永远刻画着这两位先生的音容笑貌。""周总理与廖会长的愿望，就是要把日中关系世世代代地、更深更广地永远传下去，我们这些活着的人一定会继承你们的遗志。"②

（二）不懈的理想追求是深厚友谊的坚实脊梁

池田大作与廖承志首次会见是中日恢复邦交正常化的第二年，即1973年4月20日，廖承志率中日友协代表团一行15人访问了公明党总部。以创价学会为母体，并由池田大作创建的公明党，将和平的理想化作现实行动，坚持以池田先生的"日中邦交正常化倡言"为指导，先后与中国方面就日中邦交正常化的原则和细节达成一致，随之成为中日两国政府间谈判的基础，从而为田中角荣组阁后仅两个月就与中国恢复邦交铺平了道路。由此可见，池田大作与廖承志同心相向的理想追求也早已为他们建立深厚友谊作好了铺垫。

廖承志在东京第一次见到池田大作时，二人都有"一见如故"的感觉。1974年5月30日，两人在北京机场再度握手时，池田先生感觉"从

---

①廖承志：《廖承志文集》，北京：人民出版社，1990年，第466页。

②［日］池田大作：《我的中国观》，成都：四川人民出版社，2009年，第164－172页。

那双温暖的大手中，仿佛传来了盼望日中友好并一直为之奋斗的深厚情感”①。廖承志在北京宴请首次访问中国的池田先生和创价学会代表团全体成员时说：“我们有机会同池田先生和创价学会的朋友们促膝交谈，感到非常高兴。”②

池田大作与廖承志在追求和平的道路上遇到过一些困难，但他们没有被困难吓倒，反之更加执着地向着和平进发。池田先生首次访华就与廖承志谈得很深透。池田先生当时向廖承志讲述了创价学会自身发展遇到的困难，并将曾经经历的风风雨雨称之为如同“四面楚歌”。廖承志听到这里很自然地流露出真挚朋友的幽默感：“四面楚歌才干得有意思。”池田先生在北京与廖承志第一次会谈“就国内外形势坦率地交换了意见。与日语非常流利的廖会长的谈话自始至终都在极为友好的气氛中进行”③。自此，二人的友谊愈加深厚，因为相同的和平理想及百折不挠的追求已成为他们深厚友谊的坚实脊梁。

二、分享：为化解国际复杂矛盾而坚持对话

池田大作与廖承志首次会见之后，他们都认为通过对话与交流，可以分享不同文化的长处，有利于找到化解各种矛盾与冲突、避免战争灾难的办法。

（一）通过对话与交流才能实现和解并走向和平

自20世纪后期至今，池田大作的对话艺术享誉全球。由于池田先生与全世界众多思想家、哲学家、教育家、社会活动家、文化名人、国际人道主义者均有过亲密接触，进行过友好对话，并得到广泛认可，所以人们纷纷称赞池田先生是令人敬佩的佛教思想家、哲学家、教育家、社会活动家、作家、桂冠诗人、摄影家、世界文化名人、国际人道主义者。

池田大作率领创价学会代表团首次访华时，与廖承志领导的中日友好协会有过两次正式会谈，涉及中国对日本军国主义复活的高度警惕、中国

①［日］池田大作：《新人间革命（第20卷）》，香港：天地图书有限公司，2010年，第18页。

②廖承志：《廖承志文集》，北京：人民出版社，1990年，第477页。

③《圣教新闻》（日本），1974年6月2日第1版。

的核试验以及中国与苏联的紧张关系等复杂敏感问题。然而，双方通过对话、分享观点、寻找共识，达成谅解，堪称典范。

创价学会对中日友协担心的军国主义复活问题的观点是："民众的精神空虚与软弱无力是法西斯主义抬头的温床。使民众聪明、强大，这正是创价学会的运动，由此才能实现真正的民主。"①

关于中国的核试验与核武器问题，双方也进行了充分的思想交流和观点分享。创价学会强调"生命至上""人至上"的价值观，主张废除核武器，对任何试验、制造、存储都坚决反对。中日友协在座谈时明确表示，全面禁止并彻底消灭核武器是中国的一贯立场，并且主张作为核裁军的途径，有核国家应当互相签署不使用核武器协定，撤除在别国领土上设置的核基地，销毁存储的核武器。中国即使进行了核试验，在任何情况下都绝不首先使用核武器，中国的核能力完全是为了防卫。池田先生在座谈会后坦言："对于核武器，创价学会方面的观点与中方有分歧之处。但是，'不管有核、无核，所有国家在平等的立场上召开会议，讨论彻底销毁核武器'，对这一意见则取得完全共识。"②

池田先生首次访华时还有一个担忧，中国和苏联都拥有核武器，当时两国关系十分紧张，一旦开战后果不堪设想。池田先生希望阻止这种局面的出现，并乐于为此不辞劳苦地奔波于中苏之间。"他相信对话的可能性，又基于佛法的信念，他相信人，并且坚信，用对话启发人的良心，就一定能避免战争"③。最终，池田先生向中苏双方成功转达了各自不会侵略对方、共同化解危机的意愿。

1975年4月，应中日友协邀请，池田大作率领创价学会访华团第三次访问中国。当时，廖承志因病住院，但经医生许可，他依然来到池田先生下榻的北京饭店，会见忘年之交。次日，《人民日报》及时予以报道，让全世界都知道他们"进行了亲切友好的谈话"④。

---

①[日] 池田大作：《新人间革命（第20卷）》，香港：天地图书有限公司，2010年，第35页。

②[日] 池田大作：《新人间革命（第20卷）》，香港：天地图书有限公司，2010年，第40页。

③[日] 池田大作：《新人间革命（第20卷）》，香港：天地图书有限公司，2010年，第37页。

④《人民日报》，1975年4月18日。

（二）真诚的心智分享是建立深厚友谊的阳光大道

池田先生有过这样一段回忆：“在中日两国恢复邦交正常化不久，曾有即将访华的领导人向我提问：‘该以怎样的思想准备与中国的各位接触?’我回答说‘就是人与人的见面嘛。’虽然是不同的国家和民族，但人就是人。只要以人本主义为基调诚实地交流，就一定能相互理解、相互共鸣，共同向着世界和平的目标前进。至今，我已把友情扩展至一百九十二个国家和地区，亲自访问的国家、地区达五十四个。基于我的亲身经历，我敢断言，不管是哪国人，生命深处都有共通的尊极之光。‘没有比生命更尊贵的宝物，人应该是平等的，应该相互尊敬’，在秉持这一绝对信念进行对话、交流时，这尊极之光定将愈益灿烂。”①

池田先生认为，他率领创价学会代表团访问中国，“是为了打开千秋万代的友谊之路，是人本主义者基于和平建设信念的行动”。廖承志在欢迎创价学会代表团首次访华的晚宴上，逐一询问创价学会的朋友，希望及时听取各位分享访华感想，其中池田夫人香峯子直率地说：“来中国之前，日本把共产主义说得很可怕，所以，老实说，我对贵国也有可怕的印象。”“不过，通过交谈，充分了解了贵国是一个充满人情味的国度。”“廖会长高兴地说，‘说老实话，就能成为朋友。’峯子的话一下子缩短了心的距离。真心讲实话，友情就由此加深。”②

1978 年 8 月，中日两国缔结了《中日和平友好条约》，自当年 10 月 23 日起生效。9 月，池田大作率领创价学会代表团第四次访问中国，并与廖承志在北京两次见面。9 月 16 日，廖承志在人民大会堂举行的欢迎宴会上致辞：“在中日两国人民衷心庆祝缔结《中日和平友好条约》的喜庆气氛里，在北京能够与令人尊敬的老朋友池田会长夫妇相见，感到格外高兴……回首中日关系不断发展的漫长岁月，更深刻体会到我们敬爱的周恩来总理在中日建交时所讲的‘吃水不忘挖井人’这句话的深刻意义。池田会长早就为中日邦交正常化竭尽努力，又为早日缔结《中日和平友好条约》付出

①高占祥，［日］池田大作：《联结地球的文化力——高占祥与池田大作对话录》，北京：中国人民大学出版社，2011 年，第 216 页。

②池田大作：《新人间革命（第 20 卷）》，香港：天地图书有限公司，2010 年，第 30－31 页。

了巨大努力，做出了宝贵的贡献。我们永远不会忘记这些。”① 廖承志上述这番话绝非溢美之词，纯粹是老朋友的心声。离开北京后，池田大作访问南京时，特地拜谒了廖承志父母廖仲恺、何香凝合葬墓，这不仅表达了池田大作对中国革命先贤的缅怀之情，也表达了他十分重视和珍惜自己与廖承志的这份深情厚谊。

三、行动：为播撒和平的种子而不辞劳苦

1974 年 11 月中旬，北京大学向池田大作先生发出邀请，诚邀池田大作先生参加创价学会代表团第一次访华。池田先生欣然应邀前往，恰好他正想将两个多月前访问苏联时柯西金总理的话转达给中国领导人。12 月 2 日，池田夫妇刚到北京，廖承志夫妇就来到北京饭店看望并与之交谈。池田大作对廖承志说：“您马上来看望，太不敢当了。这次由北京大学邀请，以为见不到廖承志先生，正觉得遗憾呢！”廖承志马上说：“先生大驾光临，我排除万难也要来，是朋友嘛！”②

（一）借助民间和平外交的魅力发展世界和平

第二次世界大战结束后，东西方两大阵营处于冷战状态，中日两国则成为两大阵营严重对立的东方前沿，互为敌对关系。要改善中日关系，首先要发展两国人民之间的友好往来。中华人民共和国领导人毛泽东、周恩来等人确立了“民间先行，以民促官，官民并举”，进而实现中日邦交正常化的民间外交方针。然而，再好的方针都少不了目标明确又富有创造性的执行者。廖承志成为最合适的人选。事实证明，廖承志果然不负众望，成绩斐然，他致力于维护世界和平、促进中日友好事业，赢得了世界人民特别是日本人民的信任与尊重。

廖承志在担任中国人民保卫世界和平委员会副主席、中国亚非团结委员会主席期间，前往莫斯科、布拉格、维也纳、华沙、柏林、斯德哥尔摩、赫尔辛基、新德里、科伦坡等地方参加了为民族独立、为世界和平召

---

①《圣教新闻》（日本），1979 年 9 月 19 日。

②[日] 池田大作：《新人间革命（第 20 卷）》，香港：天地图书有限公司，2010 年，第 209 页。

开的各种国际会议，并对这些城市进行友好访问。廖承志得天独厚的长处是具备丰富的历史文化知识，熟练掌握日语、英语和德语，还能讲一些法语。他以自己特有的真诚和坦诚的魅力，大力开展民间外交，在中华人民共和国成立初期，在保卫世界和平、反对大国沙文主义的斗争等方面发挥了重要作用。

1954 年 10 月，廖承志作为中华人民共和国的第一个访日代表团——中国红十字会代表团副团长，到达东京，在当晚的记者招待会上，廖承志用地道的江户口音日语发表讲话，他说："只要我们往前走，肯定会走出一条中日友好的大路来；中日两国友好合作，为保卫亚洲和平做出努力是当务之急，两国要友好，靠讲道理不行，而要做出实际的努力。"①

民间外交最突出的特点就是富有亲和力而较少行政约束力，便于及时采取行动。与廖承志的看法与做法相似的是，池田大作也十分重视民间外交的力量，并能积极主动地为实现和平采取行动。池田先生主张和平要"主动地去争取"，反对"逃避现实"和"遁世"态度。他把维护世界和平的希望寄托在创造历史的主角——世界各国人民群众的共同行动上。在池田先生看来，"高举争取人类和平的旗帜、高呼'和平'的民众队伍愈是扩大，离和平就愈近。离战争就愈远"②。

池田先生指出："我作为一个民间人士，一直在作自我挑战，即自己到底能为和平事业做多少事。我第一次访问中国是从羽田机场出发的，以中国大使为首的许多人前来送行，在即将飞离羽田机场时，我面对大家说：'我是和被称为穷人、病人的学员们一起奋斗至今的。我们既不依靠权力，也不依靠财力。'这就是我们最大的自豪和强势。"③

池田大作和廖承志一样，以自己不辞劳苦的行动，推进民间外交，在世界各地播撒和平的种子。

（二）推动青年交往是深厚友谊的可靠基础与光明未来

凡有远见的政治家、科学家、社会活动家等等，无不将青年看作未

①王效贤：《中华人民共和国第一个访日代表团》，载《纵横》2000 年第 7 期。

②[日] 池田大作，木口胜义，志村容一：《佛法与宇宙》，北京：经济日报出版社，1997 年，第 345 页。

③[日] 池田大作：《联结地球的文化力》，北京：中国人民大学出版社，2011 年，第 196－197 页。

来，竭力引导青年、团结青年，并将最伟大的事业托付给青年。池田大作认为，“人类应团结起来进行的最大的事业就是建设永久和平”①，完成这一事业需要一代又一代青年的不懈奋斗。2008年5月8日，时任中华人民共和国国家主席胡锦涛在对日本进行国事访问期间，特地看望了池田大作并与之交谈。池田先生回忆说：“我们在会见中共同展望了‘建设永久和平、共同繁荣的和谐世界’的重要性，并且为此又互相确认了‘以青年人的力量构筑千秋万代的友好’这一观点。”②

廖承志与池田先生一样，重视青年工作、引导青年维护世界和平。1949年4月，廖承志被选为新民主主义青年团中央副书记，5月被选为中华全国民主青年联合会主席；1953年6月被选为全国青联主席，7月被选为团中央书记处书记，11月被选为世界和平理事会理事，在反对侵略势力、维护世界和平的斗争中，成为著名的国际和平战士。

1950年，廖承志带领中国青年与世界民主青年联盟代表团进行联欢活动，取得成功。1963年，中日友好协会成立后，廖承志会长立即把开展中日两国的青年交流列为工作重点。经中共中央同意，中日友协、全国青联、全国学联决定于1965年邀请日本各界于8—9月派500名青年代表来中国，在15个城市举行文化体育比赛等多种形式的大联欢。具体工作联系与活动安排由廖承志负总责。当时中日两国尚未恢复邦交正常化，因此日方民间团体在来华过程中受到阻挠，但还是分8月和11月两批来华，在廖承志的统一部署下，中日青年友好大联欢圆满落幕。

1965年11月25日，毛泽东主席在廖承志陪同下，在上海锦江饭店接见了参加中日青年友好大联欢的日本各代表团团长和其他日本朋友。12月13日，在欢送准备回国的日本青年时，廖承志发表了讲话，他说：“我们友好大联欢的成功，把中日两国人民友好事业推向了一个新的高峰。它是我们两国人民的共同胜利……是对亚洲和世界和平的重大贡献。”③ 事实证明，中日青年友好大联欢成功播撒了中日两国及世界和平友好的种子。

①[日] 池田大作：《新人间革命（第20卷）》，香港：天地图书有限公司，2010年，第272页。

②[日] 池田大作：致第五届池田大作思想国际研讨会的谢辞，《创价大学新闻》中文版第16期第5页。

③田桓：《战后中日关系文献集1945—1970》，北京：中国社会科学出版社，1996年，第788页。

池田大作也是在青年工作岗位上成长起来的。1960 年以前，池田先生就是创价学会青年部长，1960 年出任创价学会第三任会长时年仅 32 岁。他一直以来都特别重视青年交流与合作，并且强调合作的基础是理解与信任，而理解与信任则始于交流，因为，“欠缺充分的相互理解而进行合作时，是得不到众人满足的效果的。若不能带动相互的理解，即使有一时的成效也难以为继，不可能建立信赖基础。为了避免陷入此状态，加深相互理解之人的交流——特别是多层面地扩大青年世代的交流至为重要。”①

1974 年 5 月，池田先生首次访华时，曾有日本记者问道：“中日之间最大的课题是什么?”池田先生的回答并非记者预计的签订和平条约问题，而是直截了当地强调：“今后最重要的是青年的交流。未来主人翁的交流比什么都重要。”池田先生真心“希望并竭力在年轻人的心灵大地，播撒下和平的种子。因为，它将不断开花结果”②。1975 年，由池田先生亲自担保，创价大学接受了中日邦交正常化后的第一批中国留学生，开启了中日青年教育交流的大门。

2017 年 3 月 27 日，日本《圣教新闻》连续刊载的《新人间革命（第 30 卷）》有这样的内容：池田先生深情回忆了自己与廖承志的坦诚交往，盛赞“两人进行了多次会谈，建立了非常深厚的友谊”，谈到了仲恺农业工程学院创建的历史缘由，并对该校成立“廖承志与池田大作研究中心”给予高度评价，池田先生也因“中日友谊之苗，在二十一世纪无尽的天际之中伸展枝叶，成长为一棵参天大树③”而倍感欣慰。

池田大作和廖承志如同金子一般珍贵的深厚友谊，是中日两国人民世世代代友好的榜样。当前，在中日关系再度遇到困难时，重温池田先生与廖承志一同经历的促进中日友好与世界和平的往事，弥足珍贵。我们应当以廖承志和池田大作为榜样，加强中日青年交往，发挥民间外交富有真情、形式灵活的特点，善于运用和平、分享与行动这三大法宝，再迎新一轮世界和平与中日友好的曙光!

---

①［印尼］A. 瓦西德，［日］池田大作：《和平的哲学　宽容的智慧——伊斯兰教与佛教的对话》，台北：正因文化事业有限公司，2012 年，第 198 页。

②［印尼］A. 瓦西德，［日］池田大作：《和平的哲学　宽容的智慧——伊斯兰教与佛教的对话》，台北：正因文化事业有限公司，2012 年，第 199－200 页。

③［日］池田大作：《新人间革命（第 30 卷）》，《圣教新闻》（日本）2017 年 3 月 27 日，第 3 版。

新世纪以来的中日双边关系：和平与合作的深化

黄家瑜①

1972年9月29日，日本政府与台湾当局终止“外交”关系，并与中华人民共和国政府签署《中华人民共和国政府和日本国政府联合声明》，又称《中日建交公报》（简称《公报》），象征着中日两国在中断20多年的官方往来后，重新恢复双边关系的正常化。该《公报》的内容相当广泛，除了规范日后中日两国的政治关系外，其中最重要的原则与精神是双方尊重彼此的主权领土完整、平等共利、和平共处，并为进一步发展两国间的关系和扩大人员往来而努力。② 及至今年（2017），中日双边关系即在上述原则指导下稳定发展了超过40个年头，两国在政治、经济、社会、教育、科技、文化等方面均开展了深厚且多层次的合作，虽然其中不乏政治立场的分歧，例如“二战”历史、东海油气田的划界、钓鱼岛领土主权争议等，但整体来说两国间的关系可谓紧密而深厚。特别是进入21世纪之后，中国综合国力得益于经济体制改革而加速提升，“和平崛起”（peaceful rise）已经成为一个不可逆转的大趋势，日本也与20世纪90年代相比在政治与经济秩序上发生了巨大的变化，在此大环境背景下中日两国的双边关系也迈入一个新的阶段。因此，本文将关注重点放在新世纪以来中国与日本双边关系的发展方面，探讨两国和平共处、互助合作及矛盾冲突的

---

①黄家瑜，中山大学南方学院综合素养学部讲师，国际通识教育与池田大作研究所副所长。

②《中华人民共和国政府和日本国政府联合声明（中日联合声明）》，新华网，2015年4月29日，http://news.xinhuanet.com/2015-04/29/c_127742685.htm，2017年4月2日。

处置，并将过去十多年来中日关系发展的进程区分为三个阶段分别加以讨论：2008 年以前、2008 年至 2012 年，以及中共十八大以后的中日关系。

一、2008 年以前的中日双边关系

新世纪以来的头 8 年，中日双边关系可以概括性地用一句话来描述：在经济合作共识大于政治立场分歧的态势下深化合作。先从两国经贸关系发展的面向来看，1970—1990 年代中日贸易额虽然呈现整体的增长趋势，但也具有较大波动性与不稳定性，曾经出现过贸易额增长超过 50% 的年份，也出现过两位数负增长的年份，而这种波动性较激烈的经贸关系在进入 21 世纪之后就已不复存在，而且随着中国经济不断发展，中国单方面依赖日本经济援助的局面也早已消失，取而代之的是互助互利的合作关系。中日贸易额的大幅增长在中国于 2001 年加入世界贸易组织（World Trade Organization，WTO）后即已显现，受惠于“入世”，中国的进出口关税不断降低，自由贸易的障碍也被逐渐消除，加上中日地理位置相近、经济互补性强，因而带动两国进出口贸易的高速发展。例如，中国自 2004 年起已经成为日本最大的贸易伙伴，打破美国是日本最大贸易伙伴的传统局面，当年日本的对华贸易总额（包括香港）达 2130 亿美元，超越了对美贸易总额的 1970 亿美元。① 同样的，日本对中国的重要性也是不言而喻的，根据中国海关单位的统计数据，从 2000 年起至 2008 年，日本在中国贸易伙伴的排名上虽有小幅波动，但始终位于前三名，且贸易金额逐年增长，2008 年贸易额更达到 2667. 9 亿美元，占中国外贸总额的 10. 4%。简而言之，中日两国的经济合作关系不仅高度依存，增长态势也非常稳定。

除了经贸关系的持续深化外，中日双方也在此一时期就资源合作开发的议题进行协商，最具代表性的事件就是东海油气田的开采。目前东海海域有春晓、平湖、残雪、断桥和天外天等油气田，占地面积达 2. 2 万平方千米，根据科学资料显示，整个东海大陆架盆地的油气资源有 5 万亿至 6

①景宏：《中国 2004 年第一次超过美国成为日本最大贸易伙伴》，新华网，2005 年 1 月 27 日，http://news. xinhuanet. com/fortune/2005 -01/27/content_ 2513784. htm，2017 年 3 月 5 日。

万亿立方米的储量,[①] 其中储量最大的是春晓油气田，它距上海500千米，距宁波350千米，所在的位置被专家称为“东海西湖凹陷区域”，也位于日本单方面认定的“日中中间线”的附近。因为油气储量大（已探明量约700亿立方米），再加上地处中日两国东海划界的争议区域，春晓油气田的开采始终是两国关系的热点议题之一。2003年8月，中国海洋石油集团有限公司（简称中海油）、中国石油化工集团公司（简称中石化）、荷兰皇家壳牌石油公司、优尼科公司在北京人民大会堂签署了包括春晓油气田在内的西湖凹陷作业合同，宣布联合开发东海油气资源，此一开发案立即引来日本方面的关注，认为中方春晓油气田的开发案影响到了日本的经济利益。中国在基于“搁置争议、共同开发”的大原则下与日本就开发东海油气田的问题展开协商，从2004年10月起，中日两国共进行了11次谈判，终于在2008年6月18日就共同开发东海资源达成《关于中日东海问题的原则共识》(简称《原则共识》)。约定双方联合勘探东海油气田，本着互惠原则，选择在双方一致同意的地点进行共同开发，并且中国企业欢迎日本企业按照中国对外合作开采海洋石油资源的有关法律，参与对春晓油气田的开发。[②] 此《原则共识》的出台是中日两国和平处理海洋权益争端、共同开发有争议的海洋资源的重要里程碑，也是21世纪第一个十年间中日交往的标志性事件。

虽然新世纪开始的数年之间，中日两国在贸易与资源共同开发合作上取得了重大成就，政治争议的纠葛仍给双边关系笼罩了部分阴影，其中，日本修改历史教科书内容是这一时期造成中日矛盾纠纷的关键性事件。日本政府自2001年起开始进行历史教科书内容的部分调整，对于部分“二战”历史进行翻案，此举措立即引起中国、韩国等亚洲国家的高度关注。[③] 2001年4月，日本文部科学省对日本右翼团体编写的《新历史教科书》给予“审定合格”的决定，再加上日本争取成为联合国常任理事国（入常）、领导人参拜靖国神社等争议，最终导致规模不小的外交纠纷，中日两国关系因历史的争议在当时跌入相对的低谷。此时民间爱国主义情绪高涨，双

①徐辑:《东海已知天然气储量近两千亿立方米》，载《江西能源》2001年第2期。

②李志强:《中日就东海问题达成原则共识》，新华网，2008年6月18日，http://news.xinhuanet.com/newscenter/2008-06/18/content_8394191.htm，2017年3月4日。

③何德功:《日本右翼篡改历史教科书的轨迹》，载《瞭望新闻周刊》2005年第15期。

方政府都意识到中日的紧张关系不仅损害了两国利益，也破坏了地区的稳定。对中国来说，与日本的关系过度紧张只能是把日本推离中国更远，并加速深化日本与美国的军事同盟关系；对日本来说，中国不仅是重要的贸易伙伴之一，中日爆发冲突同样会促使中国加快军事建设的脚步，这对寻求国家地位正常化的日本来说只会带来更大的压力。基于上述因素，中日决策者意识到唯有和平、合作、共荣、互利才能带给国家真正的利益，因此不断寻求契机来改善动荡的双边关系。经过一年多的努力，终于促成了2006年10月日本首相安倍晋三访问中国的“破冰之旅”以及2007年4月中华人民共和国国务院总理温家宝访问日本的“融冰之旅”、2008年5月国家主席胡锦涛赴日的“暖春之旅”。

二、2008年至2012年间的中日关系

此期间中日关系的发展进入多事之秋，双方关系也可以用一句话形容：在动荡的氛围中避免冲突失控。首先，即便中日双方在2008年达成具有历史里程碑意义的《关于中日东海问题的原则共识》，充分凸显了中国处理海洋领土争端“搁置争议、共同开发”的精神，但难得的成果不仅不易维持，中日间友好的气氛反而在2008年下半年急转直下。造成双方关系逆转的主要原因还是领土争议：钓鱼岛主权归属问题。中日双方皆主张钓鱼岛及其附属岛屿是该国的固有领土，且保持寸土不让的态度。在短短数年间，中日双方，无论是官方还是民间皆因为钓鱼岛问题发生多次冲突，例如：2008年6月，中国台湾“联合号”渔船在钓鱼岛海域遭日本巡逻船撞沉，日方主张该船擅自进入日本管辖海域，因此有权利进行相关执法活动，而中方则表达强烈不满，要求日本停止在钓鱼岛海域的非法活动。2010年9月中国渔船“闽晋渔5179号”在钓鱼岛海域遭日本巡逻船拦截，日方扣押船长詹其雄与船员14人，对此争议事件中方与日方随即展开多次交涉，中方坚持日方立即放人，日本政府对中方船长进行的任何形式的所谓“司法程序”都是非法和无效的。① 为了反制日本政府在钓鱼岛海域驱

①裴军：《中国渔船遭日本巡逻艇接连冲撞，船长遭日方逮捕》，中国青年报，2010年9月8日，http://zqb.cyol.com/content/2010－09/08/content_3408896.htm，2017年4月8日。

赶、拘捕中国籍船只的行动，中国政府也采取了具体的行动，例如海监、渔政等海洋行政执法单位的公务船便频繁前往钓鱼岛邻近海域巡航，并且在2010年9月、2012年12月，中国海监巡逻船与巡逻机分别首次进入钓鱼岛12海里的海域与空域，直接挑战日本对钓鱼岛及其附属海域实施行政管辖的具体行动。

钓鱼岛主权争端严重冲击了中日间多年经营的友谊，并在中国与日本分别引发了新一波的反日、反华浪潮。2012年9月，中国超过180个大小城市的民众在“九一八”前夕发动大规模示威游行，表达对日本政府数月前将钓鱼岛列屿“收归国有”政策的不满，其中重庆、长沙等地游行人数达到数千人，广州、深圳等城市超过10000人，北京更多达20000人。日本国内右翼团体也在同年9月22日举行反华示威游行，走上街头的日本民众有数千人，这是与中国发生钓鱼岛主权争端以来，日本国内最大规模的反华示威游行。值得注意的是，此次中日两国的游行规模之所以超过以往，除了双方人民情绪高涨之外，互联网也发挥了动员民众的重要作用，网络民族主义也成为影响中日双边关系的重要因素之一，且在中国方面尤为显著。有研究指出，中国在进入21世纪之后互联网蓬勃发展，得益于互联网快速传递信息的功能，中国民众开始利用互联网平台宣扬爱国理念与表达民族情绪，网络民族主义就成为中国民族主义力量的重新集结。①2012年9月的大规模反日游行即是以互联网为宣传载体的大规模社会运动的最好例证，当时游行的发起人基本上都是年轻的网民，他们通过微博、公众论坛等网络平台告知其他网民游行的诉求、方式、时间与地点等信息，并在互联网上广泛传播，抗议活动迅速成为燎原之势。

在反日游行如火如荼开展的同时，中国政府也充分认识到高涨的网络民族主义对国家开展对日工作的正反向功效。从正向的功效来说，成千上万走上街头的游行民众为中国政府提供了对日交涉的有利屏障，负责对日工作的官员可以用此高涨的民意作为与日方代表谈判的筹码，从而向对方施加压力。再者，大规模的游行活动向来是一个国家对外宣传相关政策理念的媒介，通过国内外新闻媒体的报道扩散，可以帮助中国向外传达自身的诉求。但换一个角度来思考，如果游行秩序因参与民众情绪的过度爆发

①杨锦麟：《近看中国正在掀起的网络民族主义》，载《南风窗》2003年第10期。

而失控，对中国政府来说就不是乐于见到的事，反而会衍生出更多问题。2012 年 9 月的反日游行就出现了部分抗议民众行为失控的事件，如破坏了部分日本商店、餐厅以及打砸停放在路边的日系车辆，讽刺的是，这些受害商店、车辆的主人大多不是日本人而是中国人。这些行为不仅造成了对社会安全的冲击与不必要的经济损失，同时更会被别有用心的国外媒体加以渲染，凸显中国民众的不理性，对解决问题完全没有帮助。① 中国政府对民众情绪的反应始终保持高度关注，也希望游行的诉求不要因为秩序的失控而走调，徒增政府处理对日关系的困扰。因此，当游行活动出现部分失控的情况之后，公安部门即介入处理，拘捕部分闹事的不法分子，并且通过新闻媒体宣传，对高涨的民族情绪进行适度的降温，以求能更顺利、平稳地做好对日本交涉的工作。简言之，虽然钓鱼岛主权争端在很大程度上冲击了中国与日本的友好关系，但为了维护得来不易的和平交往架构，中国政府还是做出了相当多的努力，中日双边关系虽然动荡，但不至于失控，仍旧缓步发展。

三、十八大以后的中日关系

2012 年中日双方皆产生了新一代领导人，两国关系的发展也进入新阶段：建构大国关系框架下的新合作伙伴关系。中国方面，以习近平同志为核心的党中央短期内推出了一系列重大举措，如“海洋强国”“一带一路”“中国梦”等。同样的，日本也在 2012 年底由前首相安倍晋三再次担任政府领导人，且其政权比 2006 年担任首相时更加稳固，安倍把日本发展成为区域大国的企图也更强。在此新的形势下，共同追求发展新形态的大国关系就成了十八大以后中日关系的最大特征，中日两国的领导人也都强调大国关系对于区域稳定、世界和平的重要性。中国方面，习近平同志曾多次谈及中国应该以创新的思维、切实的行动，打破历史上大国对抗冲突的传统逻辑，探索经济全球化时代发展大国关系的新路径，而“新型大国关系”的概念也在 2013 年正式为中国政府所提出，基本的原则是：“不冲

---

①《反日游行变打砸烧抢，谁在玷污爱国情结》，财讯网，2012 年 9 月 15 日，http://news.sohu.com/20120915/n353235826.shtml，2017 年 3 月 7 日。

突、不对抗、相互尊重、合作共赢”，共14个字①，希望能够处理好中国与美日等大国间的关系，双方和平共处，不发生军事冲突，共利共荣。日本方面，首相安倍晋三也对日本的外交战略方针提出新的构想，不仅强化美日的军事同盟，同时也布局日本与澳大利亚等区域大国的“准同盟关系”②，更试图修补与俄罗斯的关系，通过与俄罗斯总统普京的多次会晤，缓解日俄“北方四岛”争议的矛盾，同样展现了日本政府开展大国外交的决心。

发展新型大国关系首重经济合作，如何在总体经贸关系衰退的形势下开展新形态的合作关系便是中日两国最主要的共同语言。虽然中日整体的经贸关系仍然稳固，但自从2012年钓鱼岛主权争端趋于激烈后，双方经贸互动便出现降温的现象，到2016年6月，中日双边贸易连续4年半负增长，这是自1972年中日恢复邦交以来的首次负增长。从双边投资情况看，日本对华投资从2013年起连续3年半衰退，中国非金融类对日投资也在2015年出现了下滑现象。然而，贸易额的衰退并不能完全归因于政治气氛的紧张，经济原因还是占了很大的比重。近年来中国经济结束过往的高速增长态势，进入经济发展新常态；日本国内经济局势也呈现发展迟缓、投资环境恶化的问题，再加上世界经济仍处于2008年金融海啸后的相对萧条状态，中日经贸合作自然受到不小的冲击。也正因如此，创新经贸合作关系、降低贸易障碍、促进双方产业的互补与升级就成为双方努力的目标。其中最重要的就是自由贸易协定（free trade agreement，FTA）的推动。举例来说，推行中日韩FTA是中日政府深化两国甚至是东北亚区域经贸整合的一项重要举措，该谈判自2012年底启动，至2017年4月已经举行了12回合的谈判，对于签署国贸易基本方针、服务贸易自由化方式等问题进行了全面且深入的探讨，虽然不乏分歧，但三方皆为推进全面高水平的互惠互利的中日韩FTA而努力。若该协议能够顺利签署，不仅可以加速彼此间的经贸整合，更可以促使自身国内企业进行产业转型与升级，可以获得的经济效益甚大。

---

①王爽：《习近平概括中美新型大国关系：不冲突、不对抗，相互尊重，合作共赢》，新华网，2013年6月10日，http://news.xinhuanet.com/world/2013-06/10/c_116107914.htm，2017年3月7日。

②莫雷：《摸透安倍的大国外交心思》，载《南风窗》2017年第1期。

中日两国人员交流的规模并没有因为经贸关系的衰退而受到波及，数目反而大幅提升，这是近几年中日两国来往的最大亮点，也奠定了两国开展新型大国关系的草根基础。中日两国民间交往的纽带丰富而坚韧，且历史悠久，中华人民共和国成立后，中日民间力量就对两国恢复邦交关系发挥了非常重要的推动作用①，因政治分歧所造成的双方误解与不友善情绪更可以通过人民的交流（如互访、观光、留学、网络论坛等）而有所改善。有研究成果指出，数量庞大的中国留学生群体构成了中国“知日”人才储备库，且中国大学生通过学习和了解日本之后，不仅对日本产生了较理性和客观的认识，对日本和日本人的好感度也显著提升。② 可以断定，人民的频繁交流对促进国家间的友好合作具有重要意义，而中日关系发展就处于这个新阶段。例如，中日双边人员的往来自 2013 年起便摆脱了 2012 年钓鱼岛主权争端的短期性低谷期而稳步增长，中日双边往来人数从 2013 年的 471 万人次，到 2015 年的 707.2 万人次，三年间增长了近 50%。2016 年上半年，中日双边往来人数达 428.8 万人次，其中我国赴日本人员 304.9 万人次，同比增长 32.4%，日本来华人员 123.9 万人次，同比增长 3.4%。③ 其中，中国赴日本观光旅游人数的增长最为显著，2015 年突破 500 万人次，成为日本最大的观光客来源国，2016 年更达到了历史新高的 637 万人次。而日本方面近几年也在年轻群众中流行起一种名为“伪中国语”的交流方式，即网友们仅用日语中的汉字聊天，他们更成立了“伪中国语教材”网站、推特“伪中国语研究会”等网络平台，对日本人了解中国、促进中日交流起到一定的作用。

结语

自 1972 年邦交正常化以来，中日友好交往的脚步开始大步前进，在市

①王玉贵：《周恩来与中日民间外交》，载《当代中国史研究》2001 年第 2 期。

②卞悟，田庆立：《构建理性发展的中日关系新格局——“中日关系的现状与展望”学术研讨会综述》，载《东北亚学刊》2015 年第 5 期。

③中华人民共和国外交部：《中国同日本的关系》，2016 年 12 月 1 日，http://www.fmprc.gov.cn/web/gjhdq_676201/gj_676203/yz_676205/1206_676836/sbgx_676840/，2017 年 4 月 3 日。

场经济的作用下，中日经贸关系经过长期发展，打下了坚实的基础，也形成了良性循环机制，尤其是两国仅一水之隔，经济互补性强，更容易实现合作，其结果也是双赢的。进入21世纪之后，中日关系的发展更进入了一个新的阶段，从新世纪伊始到2008年，中日经贸额不仅持续增长，并且趋势稳定，双方也在对于如何处理共同开发海洋资源的问题上踏出了历史性的一步，于2008年达成了《关于中日东海问题的原则共识》。2008年到2012年是中日关系较不稳定的时期，政治议题的纷扰很大程度地破坏了和谐气氛，但双方均能够认识到政治的分歧与矛盾虽在短期内难以解决，但冲突必须要能避免失控。现阶段中日两国政府皆以发展新形态的大国关系为对外战略的主轴，巩固与其他主要国家的关系则是实践大国关系战略的基础，中日关系自然也不例外，民间交流大幅度的强化更是一大亮点。总的来说，身为亚太地区大国，中日都明白维持两国关系长期健康稳定发展的必要，例如，2016年9月习近平主席与安倍晋三首相在杭州进行高峰会晤时皆强调中日互为近邻、关系紧密，并指出两国的互动要从战略互惠关系的观点出发，努力扩大两国关系的积极面，同时更要消除可能不利关系发展的因素。[①] 由此可见，双方皆努力确保现有的外交成果，保持良性互动是中日领导人的理性选择，在可以预见的未来，维护和平交往、深化互利合作仍然是两国交往的主旋律。

①蓝雅歌：《习近平会见安倍晋三，提出中日关系要减少“绊脚石”》，环球时报，2016年9月6日，http://news.ifeng.com/a/20160906/49906930_0.shtml，2017年4月2日。

人道主义竞争：论池田大作世界和平思想的实践途径

黄顺力①

在人们告别暴力动乱的20世纪，对新世纪的到来充满无限美好的憧憬和期望之时，池田大作先生在第24届SGI之日发表了题为“和平凯歌——宇宙主义的复兴”的纪念倡言。② 他在倡言中开宗明义提出一个令人深思的“世纪之问”：

“21世纪的到来，意味着‘第三个千年’的大门开启。迎接我们的21世纪，将会是20世纪这个充满战乱和不人道时代的延长？还是像字面所写的，作为一个‘新世纪’，是面向未来充满和平与希望的时代？人类正站在一个关键的岔路上。”③

新世纪究竟是“战争与暴力”的延续？还是“和平与希望”的开启？这一震撼人心的“世纪之问”言犹在耳，我们这个世界已显现出不平静的征兆——中东的战火持续不断，朝鲜半岛的核危机仍然无解，还有因文明冲突、经济差异引起的全球恐怖活动，日渐抬头的贸易保护主义，世界各地的饥荒和天灾，全球温室效应和环境恶化趋势……新世纪究竟是“战争”还是“和平”，的确值得我们认真思考，并一定要为之采取实在的行动。池田先生一贯认为：“只要是由人引起的问题，人就一定能用自己的双手来解决。无论花费多少时间，只要不放弃努力解决问题的信念，就一

①黄顺力，厦门大学历史系教授。

②1999年1月26日，在新世纪到来前夕，池田大作在第24届SGI之日发表了题为“和平凯歌——宇宙主义的复兴”的纪念倡言。

③［日］池田大作：《和平凯歌——宇宙主义的复兴》，载《时代精神的潮流》，香港：商务印书馆，2005年，第89页。

定能够找到解决问题的办法。"① 的确如此，历史和现实都告诉我们：不论冠以何种名义、凭借什么理由、归结哪些原因，和平与战争说到底都是人的问题。在新世纪亦可能面临"和平"或"战争"这一人类关键的岔路口，探讨池田先生竭力倡导弘扬的"人道竞争"与人道主义竞争思想及其和平主义的实践，对于我们避免重复20世纪曾发生过的人类文明浩劫和惨剧，消除危及人类生活及尊严的各种威胁，有着极为深刻的理论和现实意义。

一、牧口常三郎"人道竞争"概念的提出

"人道竞争"这一概念源自创价学会初任会长牧口常三郎先生。1903年牧口先生在其成名著《人生地理学》一书中，以极宽广的历史视角指出，以往的人类社会所存在的生存竞争大致上可以分为三种，即军事竞争、政治竞争和经济竞争，而这三者又不是截然分开的，有以军事竞争为背景的经济竞争，也有因经济竞争而引起的军事竞争，抑或政治竞争背后反映的是经济竞争等等，许多情况是在相互重叠下渐进地变化的，只要我们对这一过程进行认真而大胆的分析，就可以看到人类发展的基本方向②。

很显然，牧口常三郎先生的这一观察极其犀利而深刻，这正如马克思主义基本原理所阐释的：政治是经济的集中表现，战争往往是政治的极端手段，而经济利益的对抗性矛盾和冲突则是导致战争的最深刻根源，这种对抗性矛盾和冲突有其历史和时代的内涵。可以说，既往人类社会就是在这种经济、政治、军事相互重叠、错综复杂的关系下变化发展的。

牧口先生还认为，人生活在这个世界上，一定要认识自己实际上有三种身份，即既是扎根于自己所生长居住的"乡土居民"，又是属于自己国家的"国民"，同时还是以世界为人生舞台的"世界公民"。既往的人类历史，不论是军事竞争、政治竞争还是经济竞争，都是从自己的"乡土"、自己的"国家"的利益出发，因而在思想意识上自然就深受"乡土"利益、"国家"利益的束缚，当产生矛盾与冲突时，因这些利益竞争所带来的暴力和战争就不可避免。为了跳出这种狭隘的利益"怪圈"，且基于人

①[日] 池田大作：《面向新世纪——人本主义的对话》（单行本），东京：国际创价学会，2005年，第5页。

②[日] 池田大作：《人道主义竞争——历史的新潮流》（单行本），东京：国际创价学会，2009年，第10页。

对自己上述三种身份的认识，牧口先生强调说：人不应被乡土利益、国家利益所束缚，而应该作为“共同生活在地球上的人”（世界公民），拥有为人类服务的意识和涵养。①

由于暴力和战争是政治集团之间、民族（部落）之间、国家（联盟）之间矛盾的最高斗争表现形式，也是给人类带来无穷灾难和痛苦的一种最暴力的手段，因此，牧口先生在其著作中大声呼吁国家间要进行“人道竞争”，迫切地“希望各国能终止为本国争取利益的纠纷状态，携手协力建设共存共荣的世界”②。只有这样才能避免暴力和战争，维护人类的永久和平。

极为可贵的是，牧口常三郎先生的《人生地理学》出版于1903年，那正是一个弱肉强食、汰弱留强，盛行“丛林法则”的帝国主义时代。在这种时代背景下，100多年前的牧口先生就以“人生”而不是以当时通说的“人文”为其地理学专著冠名，并响亮提出“人道竞争”的主张，真可谓师心所在，令人感佩！高山仰止，吾辈叹服！

笔者认为，《人生地理学》中的“人生”一词浓缩反映了牧口先生及其后整个创价思想体系关注“人”、尊重“生命尊严”、追求“价值创造”这一人生意义的核心价值观，而其“人道竞争”概念主张的提出则奠定了“希望各国能终止为本国争取利益的纠纷状态，携手协力建设共存共荣的世界”这一创价学会在全世界、全人类实践和平主义的基石。

二、池田大作对“人道竞争”思想的继承和发展

无论从何种角度、何种层次上观察，创价思想体系③的形成都有一个传承和发展的过程，而创价学会第三任会长池田大作先生无疑是这一思想体系的集大成者，其对初代会长牧口先生“人道竞争”思想的继承和发展

---

①[日] 池田大作：《以人性的宗教创建和平》（单行本），东京：国际创价学会，2008年，第18页。

②[日] 池田大作：《以人性的宗教创建和平》（单行本），东京：国际创价学会，2008年，第20页。

③有关创价思想体系的研究，许多学者已开始注意到这一重要的研究课题，笔者在2008年曾以“从牧口常三郎到池田大作——创价思想体系的传承与发展”立项，涉足此一课题的探讨，目前仍在进行中；2016年10月的南开会议上，温宪元先生对此问题作了详尽深入的论述，很有启发。

也同样是这种情况。

池田大作先生在有关和平、战争、环境、生态等重大问题的论述上，总是会提到牧口先生的“人道竞争”概念，例如，为了在新世纪消除20世纪经常出现的“为全社会、人民或整个国家带来极大的痛苦和灾难”的“集团性暴力”（即战争），规避经济全球化所带来的危机，池田先生主张从更高的层次上开拓新时代的理念，这种理念就是“人道竞争”。

他在2009年SGI日的和平倡言《人道主义竞争——历史的新潮流》中说：“我要介绍创价学会首任会长牧口常三郎（1871—1944）在1903年、他32岁时所著的《人生地理学》。我认为其中有可以把我们从现今的死胡同解放出来的新思维，特别是他的‘人道竞争’概念。”① 对牧口先生“人道竞争”这一概念的提出给予极高的评价。

在寻求有效解决地球生态环境问题上，池田先生在2008年的和平倡言《以人性的宗教创建和平》中已经指出：“地球生态系的保存是超越国境的全人类共通课题，如果每个人没有‘共同生活在一个地球上’的强烈自觉与责任感，要寻找解决的方法是很困难的。”为此，人们应当树立起“世界公民”的意识，以此“作为‘共同生活在地球上的人’，拥有为人类服务的意识和涵养”②。他说：“1903年，牧口会长在其著作（《人生地理学》）中呼吁国家间的‘人道竞争’。他希望各国能终止为本国争取利益的纠纷状态，携手协力建设共存共荣的世界。”③在解决地球环境问题时，这种“人道竞争”也应该是我们努力追求的目标。

此外，只要在论及和平主义、环境生态、文明对话等相关问题时，池田先生都不同程度地提到牧口先生“人道竞争”思想对现实的启迪。正是在这一基础上，池田先生将这一概念进一步丰富、充实，发展为完整的人道主义竞争思想，主要体现在两个方面：

①② ［日］池田大作：《以人性的宗教创建和平》（单行本），东京：国际创价学会，2008年，第18页。

③ ［日］池田大作：《以人性的宗教创建和平》（单行本），东京：国际创价学会，2008年，第20页。

（一）从“人道竞争”升华为“人道主义竞争”

作为一种思想概念的提出，牧口先生主张国家间进行“人道竞争”是针对既往人类历史上存在尔虞我诈、弱肉强食的军事竞争、政治竞争和经济竞争而言的，笔者认为，牧口先生这一主张的思想要素有二：第一是国家间不能以武力或权力的方式进行各种竞争，以此避免因竞争导致互相使用暴力、虐袭而引发战争，即“若以武力或权力去做一件事，倒不如以无形的力量自然地去熏陶，即以使人心服取代以威力的制服。”①

牧口先生的这一主张有如中国儒家一贯秉持的“以德服人”思想。在争战不断的春秋战国时期，孔子力主“德治”，即“为政以德”，为人君者当以德治国，“子欲善而民善矣。君子之德风，小人之德草。草上之风必偃”②。他还主张人与人之间、列国之间要以和为贵，“礼之用，和为贵。先王之道，斯为美”③。孟子也明确强调：“以力服人者，非心服也，力不赡也。以德服人者，心悦诚服也。”④ 有着深厚的中国传统文化修养的池田先生对此也深以为然，⑤ 并且将牧口先生“以使人心服取代以威力的制服”，即“以德服人”的思想与现代的“软能”（软实力）思想联系起来，“令我想起了曾数次会面的哈佛大学约瑟夫·奈（Joseph Samuel Nye）教授所提倡的‘软能’（soft power）思考，就是‘通过魅力而不是强制，来达到自己的目的’的能力”⑥。这是池田先生对“人道竞争”概念的发展。

第二个思想要素是“双赢”的理念：“关键是不以利己主义为目的，要使自他的生活都能受到保护和促进。反过来说，就是一边有益于他人，同时也有益于自己的方法。”⑦池田先生认为这种“一边有益于他人，同时也有益于自己”理念的提出非常了不起，因为竞争不是“零和游戏”，非得拼个你死我活，良性竞争、人道竞争、人道主义竞争对双方、对多方都

①［日］牧口常三郎：《牧口常三郎全集》第二卷，转引自池田大作：《人道主义竞争——历史的新潮流》（单行本），东京：国际创价学会，2009年，第11页。

②《论语·颜渊第十二》。

③《论语·学而》。

④《孟子·公孙丑上》。

⑤黄顺力：《池田大作的和平思想与孔墨学说》，载《厦门大学学报》2005年第6期。

⑥⑦［日］池田大作：《人道主义竞争——历史的新潮流》（单行本），东京：国际创价学会，2009年，第11页。

有好处，“这也正是美国未来学者亨德森（Hazel Henderson）所提倡的大家都是胜者的‘双赢世界’（win-win world）”①。

正是在上述“以德服人”主张和“双赢”理念的思想要素的基础上，池田先生认为竞争是人类社会活力的泉源，“无论是自然或人为事物，若没有自由竞争，会变得沉滞、停顿和退化”。但一定要重视并牢记的是，一方面，“放任自流的利己主义自由竞争会陷入弱肉强食的自然淘汰主义”，另一方面，“不重视竞争的价值，天真地认为只要消除阶级存在，就可以实现一个美好的社会”② 难以成为人类应走的道路，这也是20世纪以来人类社会所经历过的经验教训。由此，“以适当的结构及规矩为基础的竞争，将为人类社会带来活力。”在认同竞争存在的必要性的同时，也确保竞争不与人道精神脱节，也就是将竞争所包含的活力与人道主义所关注的课题牢牢地联系起来，这正是21世纪所需要的主流思维模式③，从而把“人道竞争”升华为人道主义竞争。

（二）以人道主义竞争取代“抽象化主义”竞争

从牧口先生的“价值论”、户田先生的“生命论”，发展到池田先生的“人间革命论”和“新人间革命论”，整个创价思想体系的核心就是视人的生命为最尊贵的存在。牧口先生“价值论”的落脚点在“人生”，即创造人生的价值；户田先生“生命论”的基点在人的生命尊严，而池田先生的“人间革命论”和“新人间革命论”则更是围绕人、围绕人的生命尊严和尊贵展开。因此，人本主义、人道主义以及对人的生命的尊重、对人性的理解和剖析，可以说是池田先生发表和平倡言、各种重要演讲、文明对话的思想主题。

例如，在谈及2008年秋的全球性金融风暴时，池田先生认为“这场风暴的根源，在于人对金钱的贪欲，对这抽象而没有实体的货币的不正常执着。这正是存在于现代文明底部的拜金主义病理。冷战后，意识形态的

---

①[日] 池田大作：《人道主义竞争——历史的新潮流》（单行本），东京：国际创价学会，2009年，第11页。

②③ [日] 池田大作：《人道主义竞争——历史的新潮流》（单行本），东京：国际创价学会，2009年，第12页。

崩溃，人们尚存的一丝希望，却完全栽倒在财神爷的魔掌之中"①。对此，他赞赏法国哲学家马塞尔在其论文《抽象化主义成为战争的因素》中一个敏锐的观点，即抽象的概念将成为背离现实的存在。例如金钱货币本身并无实际价值，代表的只是一种兑换价值，其存在完全基于人与人之间的演绎和协议。但它一旦"作为人贪欲的对象，便能自由自在地无限增幅。这正是货币的特征，也是执着于货币的致命危机"②。拜金主义就是这种"抽象化主义"的一种表现形式，在拜金主义贪欲的引诱下，人们竟相争夺的是"抽象而没有实体的"金钱货币，这种席卷全世界的拜金主义，一方面"能把人催眠，使人超出了单是追求钱财物质的范畴，而变成'货币'这一欲望的俘虏。"另一方面，拜金主义还造就了大量被"抽象化主义"俘虏的人，"脑子里只存在着货币这抽象物体，看不到对方的整体人格，感受不到对方的人性和尊严"。更令人担忧的是，"随着全球化进展，人的闭塞感愈发深刻。见利忘义、自以为是的人群只顾盲目追求利润，以为自然环境和文化受到破坏而人类仍然可以存在"③。"抽象化主义"竞争的最终结果将破坏人类和平，导致暴力和战争。

为了消除这种"抽象化主义"竞争的恶果，池田先生提出应以人道主义竞争来取代以往那种不加限制的、追逐金钱贪欲的"抽象化主义"竞争，把竞争与人道主义所关注的课题牢牢地联系起来，使之成为21世纪所需的主流思维模式和历史新潮流，人类和平、世界和平的新世纪才会真正到来。

三、人道主义竞争是实现世界和平的途径

如前所述，在池田大作先生继承、发展和完善创价思想体系的过程中，有关人性、人本主义、人道主义的论述是其中最重要的内容。他一贯认为，近代以后，科学技术的进步虽然极大地促进了物质文明的发展，但由于"抽象化主义"的影响，现代科学往往脱离了"人这一中心命题"，

①② [日] 池田大作：《人道主义竞争——历史的新潮流》（单行本），东京：国际创价学会，2009年，第2页。

③ [日] 池田大作：《人道主义竞争——历史的新潮流》（单行本），东京：国际创价学会，2009年，第2-5页。

变成了理性的自我运动、自我完成的产物，这种“所谓‘进步’的观念，是对于科学技术的信仰”，然而一旦“科学在不以人为基轴的情况下盲目发展，就会掉入巨大的陷阱”①。当今社会的发展已显现出这种危险的倾向，因为“当代错误的信仰的根源，在于缺乏从人的角度来思考问题这一点上，例如对于核威慑力量的信仰，正是建立在人与人之间的互不信任、互相憎恶及互相恐惧的基础上的。持这种信仰的人很少想到，如果不铲除这一基础，那么核武器是永远不可能被消灭的”②。

因此，为了改变这种情况，需要呼唤人性的复苏，需要真正理解“彻底以人为主”的重要③，这正如创价学会第二任会长户田城圣先生所说的：“人不能成为超人，也没有这个需要。人只要作为一个最有人性的人、最光辉的人才是最重要的。”④ 在“人性复苏”“彻底以人为主”的基础上，倡导人道主义竞争将成为实现人类和平、世界和平的途径。

其一，人道主义竞争是消除战争，通向和平的根本。

在人类社会发展的过程中，自由竞争的确在相当程度上解放了人性，促进了社会的发展和经济的繁荣，若没有自由竞争，社会会变得沉滞、停顿和退化。但若自由竞争过度又纵容了人性的贪欲，只知占有，不懂分享，当世界面临重大危机或各种利益争端时，例如20世纪30年代世界经济大萧条时期，“各国转向采取只顾保卫本国权益的经济政策，使危机更加深刻，增加了互相的猜疑，陷入进退维谷的困境。而真真正正反省到这弊病，用到了当时的教训，已经是经历了第二次世界大战惨剧以后的事”⑤。反思现今的世界，也有一些国家正酝酿着一股反对全球化、煽动自我保护和狭隘的民族主义情绪，笔者认为，这是对历史发展潮流的反动，

①[日] 池田大作：《走向和平之康庄大道》，在北京大学的演讲，1984年6月5日。载《我的中国观》，成都：四川人民出版社，2009年，第83页。

②[日] 池田大作：《走向和平之康庄大道》，在北京大学的演讲，1984年6月5日。载《我的中国观》，成都：四川人民出版社，2009年，第84页。

③[日] 池田大作：《人道主义竞争——历史的新潮流》（单行本），东京：国际创价学会，2009年，第14页。

④[日] 池田大作：《御书与师弟》上册，东京：国际创价学会，2011年，第45页。

⑤[日] 池田大作：《人道主义竞争——历史的新潮流》（单行本），东京：国际创价学会，2009年，第18页。

任其发展会对世界和平构成潜在的威胁。

而池田先生强调的人道主义竞争是在重视人性的基础上，确保竞争不与人道精神相脱节，在竞争的同时，还强调竞争的手段、竞争的方式，更重要的是强调分享，“一边有益于他人，同时也有益于自己”“为谋求地球问题群的解决，应克服历来以‘国益’为中心的观念，改以‘人类益’为基础来处理事务”①。这种有着人性温暖、人文关怀的人道主义竞争可以“既保证国家的利益，又对‘人类益’有所贡献”②。如此，只有进行人道主义竞争，人类社会才能跳出尔虞我诈、你争我夺的怪圈，世界才能迎来真正的永久和平。

其二，文明对话是人道主义竞争的实践途径，也是通往和平的起点。

在追求世界和平的实践过程中，池田先生极其注重文明对话的作用，从人性的角度来看，文明对话正是他主张人道主义竞争的实践途径，也是通往和平的起点。

完全可以说，迄今为止，池田先生是世界上开展文明“对话”最多的思想家、宗教家和社会活动家。③ 而且实践也证明，以文明对话的方式和途径解决国家、民族间的争端，解决核武器等大规模杀伤性武器对人类的威胁，解决全球性的环境污染问题等等，已经或正在很好地发挥其作为通向新世纪人类和平的桥梁和途径的作用。

在池田先生看来，对话是能使人类各种文明相互触发、理解而产生相互信赖的磁场，因为对话相当于用不同的光来互相照亮对方前进的道路，“如果没有对话，人类只得在独善其身的黑暗中摸索。对话可说是在黑暗

①［日］池田大作：《迈向“地球文明”的新地平线》，载《时代精神的潮流》，香港：商务印书馆，2005 年，第 39 页。

②［日］池田大作：《人道主义竞争——历史的新潮流》（单行本），东京：国际创价学会，2009 年，第 22 页。

③据前些年有学者的不完全统计，数十年来池田大作与世界各国以及日本国内的各阶层代表人物的对谈已有数千场，有记录的在 1700 次以上，出版了 35 本对谈集。对谈的对象有各国贤哲和著名人士，包括哲学家、科学家、作家、诗人、政治家、国家领导人、宗教研究家、企业家、大学校长、艺术家、历史学家以及医生、教师、和平主义者、宗教信徒、青年学生和一般市民等等。完全可以说，池田先生是一位伟大的和平“对话”之路的开拓者和实践者！

中互相照亮对方足下，找出应行之道的灯火”①。人类只有通过文明的对话，才能增进相互间的宽容和理解，扩大共识，消除和避免因误会引起的冲突。因此，人类文明对话的实践说到底也就是人道主义竞争的实践。

池田先生经常强调：真诚对话的本质就“像一个涟漪，对话的一波推动千波万波。对话与人本主义的巨大浪潮，可以包容并吞没过激主义和教条主义。而且，最重要的是通过真心的面对面的对话，耐心地一个一个打开人们所拘泥或被拘泥的所有疙瘩”②。而且在文明对话的实践过程中，秉持人道主义竞争的理念，尊重地球上所有人的和平与尊严，可以“让全人类认识到不应把自己的和平与安全建立在他人的恐惧与痛苦上”③。

通过文明“对话”这条人道主义竞争的实践途径去构建21世纪人类的和平与幸福。“对话有无限的可能性。只要有把暴力文化转变为和平文化的志向，这是任何人随时随地都可以进行的挑战”④。池田先生坚定地表示：“无论遇到多么困难的课题，我深信要采取的第一步就是对话。出于同样身为人的立场，只要开心见诚地对话和交流，必定可以超越相互间不同的立场和差异。”⑤

正是在这个意义上，文明对话的人道主义竞争也是和平的起点，“‘只有对话才是和平的王道’——只要人类历史不停止其前进，人类就不得不永远肩负这一命题。不管遭受多少冷嘲热讽，到最后也不能放弃这呐喊”⑥。

综上所述，世界和平既是新世纪的倡言，又是人类幸福的希望。池田大作先生继承牧口常三郎先生的“人道竞争”概念，并将之弘扬、发展、

①[日] 池田大作：《人本主义——全球文明的黎明》，载《时代精神的潮流》，香港：商务印书馆，2005年，第218页。

②[日] 池田大作：《人本主义——全球文明的黎明》，载《时代精神的潮流》，香港：商务印书馆，2005年，第7页。

③[日] 池田大作：《人道主义竞争——历史的新潮流》（单行本），东京：国际创价学会，2009年，第31页。

④[日] 池田大作：《人道主义竞争——历史的新潮流》（单行本），东京：国际创价学会，2009年，第36页。

⑤[日] 池田大作：《人道主义竞争——历史的新潮流》（单行本），东京：国际创价学会，2009年，第35页。

⑥[日] 池田大作：《面向新世纪——人本主义的对话》（单行本），东京：国际创价学会，2005年，第5页。

升华为人道主义竞争思想，这是整个创价思想体系传承和发展的重要组成部分。池田先生说："经过一百多年的岁月，我相信现今正是最需要牧口先生构想的'人道竞争'的先见之明的时代"①，斯言当哉！处于当今动荡的世界，"人道竞争"和人道主义竞争思想的深刻性与实践的普遍性值得我们深思。

①［日］池田大作：《人道主义竞争——历史的新潮流》（单行本），东京：国际创价学会，2009 年，第 11 页。

教师职业：分享与幸福

蒋　菊[1]　原青林[2]

教师是一个以指导和关怀为职责的职业。在这条关怀的探索与践行的道路上，教师付出着关怀，也收获着心灵的丰盈和成长。教育是一种关怀，这种关怀是一种普遍的关怀，它渗透在与学生所有的交往中，发生在每一个不经意的瞬间。教育关怀，是一种对生命状态和生命尊严的尊重，是关注学生的命运、关心学生的幸福、关心学生当下的幸福。这种幸福，源于欣赏学生的每一种个性，倾听和尊重他们的需求和向往，给予他们选择的权利，不再标准化、模式化地造就学生，实施“互惠式的平等的交往和真理的共享”的教育关怀。“教育是人类秉持知性与人格、得享和平、文化气息浓郁的美满人生”[3]。毕淑敏说：“幸福是一种心的富足，不以物质的多寡来衡量，它是付出分享和爱的感受。恰到好处，是一种哲学和艺术的结晶体，它代表的豁达和淡然，是幸福门前的长廊。轻轻走过它，你就可以拍打幸福的门环。”

一、分享：教师职业幸福的源泉

教育家朱永新先生这样定义教师：“教师是一个冒险，甚至是危险的职业，伟人与罪人都可能在他的手中形成。因此教师必须如履薄冰，尽最

---

①蒋菊，肇庆学院池田大作研究所副教授。

②原青林，肇庆学院池田大作研究所教授。

③[日] 池田大作：和平与教育：池田大作国际学术研讨会献辞，2008 年，第 99 页。

大的努力让自己和自己的学生走向崇高。”教师的教育能力，是一种心灵生活的能力。一个优秀的教师，其优秀之根本，并不在于华丽的教育技术，而在于心智的优秀。要活出一个令人羡慕、受人模仿、能让后人分享希望与勇气的人生。

（一）教师作用：教师的职业与人生幸福

“教育事业是人类最崇高的事业，教师是太阳下最光辉的职业。教师不仅可以影响一个学校的孩子，还可以影响整个社会。”① 未来的社会需要教师传达智慧之光、仁爱之美，成为德才兼备的人民教师。创价教育理念源自创价学会第一任会长牧口常三郎。他认为教育应以谋求幸福的人生为目的。谋求幸福的人生就是要创造有价值的人生。而人生中的价值就是“美、利、善”。牧口提倡的创价教育，就是要让每个人都能认识到生命和社会的关系，使人们能发挥其创造力，来充实自己的美好人生和为社会带来最大化的利益。创新精神作为一种态度，一种个性倾向，不是一种可以直接教会的东西，它的形成是一个潜移默化的长期积累过程，是以积极主动性、独立自主性为基础的。如果能为儿童提供一个宽松的环境，支持、鼓励儿童的探索和创造活动，创新精神就可以在其中孕育、萌芽，并逐渐成为新时代所需要的人格特征。“为了孩子的幸福，我们能做些什么？大家应极力创造一个重视孩子教育的社会，使其真的发出生命的光辉”②！

“人的完成是一切事情的起始。假如这一根本被等闲视之，就不会有本该由此成长的枝干以及芬芳的花果”③。人的成长必须接受教育。教育通过知识的传授，教人“求真”“向善”“精美”，促进人的知情意、德智体全面发展，从而造就一种自由人格，造就活动中的自由人。受过教育的人，是自由之人，也是幸福之人。幸福是完美人性的展示和表现，这种人性融智慧、情感、道德于一体，教育通过提升和完善受教育者的人格，使他们体验到精神上的幸福。

---

①《以人为本与人类发展：第五届池田大作思想国际学术研讨会论文集》，第 83 页。

②［日］池田大作：《孩子！我们爱你》，香港：天地图书有限公司，2003 年，第 302 页。

③［日］池田大作：和平与教育：池田大作国际学术研讨会献辞，2008 年，第 67 页。

（二）教师素养：经师与人师的统一

“学校的优劣，不在于校舍或设备的精良，重要的是教师。教师的热情和教育方式，才是教育的灵魂。”①

关注人的情感发展是教育中的一个本源性、根基性的问题，因为只有情感才是真正属于个体的，它是内在的、独特的，是人类真实意向的表达。从这一意义上说，人的本质正是其情感的质量及其表达。我们确信，一个人对某种价值认同、遵循，乃至于形成人格，虽然需要以一定的认知为基础，但根本上是内在情感品质与外在情感能力提升和增长的过程。池田认为教师要有“三心”：爱心、耐心和美丽的心——这正是教师的人格魅力对学生的潜移默化、润物细无声的情感影响。只有重视学生的情感层面，只有爱学生的教师，才可能教育好学生。我们应该坚信：只有教不得法的教师，没有教育不好的学生。师爱是一种伟大而神奇的力量，它是学生智力、道德、个性发展的风帆。一位老教师曾意味深长地说过，假如你厌恶学生，那么，当你的教育工作刚开始时，就已经失败了。我国著名的教育家陶行知先生说过，真的教育是心心相印的活动，唯独从心里发出来的，才能达到心灵的深处。从陶行知先生的话中我们不难领会：离开了情感，一切教育都无从谈起。那么怎样才能使教育的过程成为师生情感互动的愉快过程，进而收到良好的育人效果呢？

（三）师生关系：“教育交流是最稳妥、最坚实、最永久的创造和平的推进力”②

池田大作引用佛典的四摄事来述说教师应该怎样接触学生。第一是“布施”，即施予他人东西。可解释为赠以鼓励或哲学，去除不安与恐惧。第二是“爱语”，即说出关爱的话语。可解释为通过对话共同发掘更好的价值观。第三是“利行”，即为他人而行动。第四是“同事”，即合力从事各种活动。通过实践如此的共同作业，可以孕育出切实可靠的和平友好观念，也是培育世界公民最可靠的途径。师生之间的这种因情感的交往和交

①[日] 池田大作：《孩子！我们爱你》，香港：天地图书有限公司，2003 年，第 79 页。

②[日] 池田大作：和平与教育：池田大作国际学术研讨会献辞，2008 年。

流而形成的朋友关系，不仅能够促使教学过程和教学结果的良性发展，而且会促进师生间情感关系更加融洽和谐，继而对学生世界观、价值观的形成产生很大的影响。池田大作这样说："我早就抱有一个信念，即'教育是我毕生的大事业'。可以说，开拓未来，维护未来，其主体在于'人'，而造就'人'的事业正是教育。启发、锻炼'人'内在的无限潜能，把它导向创造价值的方向，就是教育。教育是建设社会、决定时代的最根本的力量。"①"教育能启发人的无限潜力，在人与人之间系结'平等'与'共鸣'的纽带"②。

另外，如今的教育教学组织形式以班级授课制为主，而为了加强师生间的交流与沟通，有人提出了实行一对一的个别教学组织形式，也有教育家指出"一对一"是虚指的问题。所谓是虚指还是实指的问题，完全可以这样理解：所谓虚指主要是讲教师关心每一位学生，这是教师对学生的爱，是师生之间的和谐关系的体现。我们在教学中讲的有关一对一和班级授课的教学组织形式是实指的。就算条件允许，在实际教学中真正实现了一对一的教学组织形式，但是如果没有教师对于学生的爱和关心，只有教书而没有育人、只是经师而不是人师，只求某种形式上的一对一，其实是没有任何实际意义的！正所谓教学永远具有教育性就是这个意思，而这也从另一侧面体现了教师职业的分享情愫。

分享作为教师职业幸福的源泉，是一种内驱力，是实现以人为本的关键，是教育教学得以良性发展的首要因素，是实现21世纪全球文明的决定因素。

二、幸福：教师职业分享的归宿

幸福是人在创造物质生活和精神生活的实践中，由感受目标与理想实现而得到的精神满足，人会在追求这个目标与理想的过程中得到自我愉快和欣慰的感受，是一种从理想到现实的最美的道德情感体验。池田大作认

①[日] 池田大作著，何劲松编：《池田大作集》，上海：上海远东出版社，2002年，第266页。

②[日] 池田大作著，何劲松编：《池田大作集》，上海：上海远东出版社，2002年，第269页。

为“教育是人生至高至难的技术，是艺术，若非最优最良的人才则不能成功”①。教育取决于教师，“为了开发人生命中的智慧，教师应以全面的人格去关心学生”②。

教师作为一种特殊的职业，其专业性不仅体现在传播知识文明的功能上，不能等同于医生医好病人和工人创造财富。他们在发挥其专业性能的同时，更多地表现在其承载着创造社会价值和构建人文思想的基础上，即人的塑造的任务。这就需要教师真正把教育当作自己的职业，用事业观定位自己的职业，用专业性完善自己的职业。简单说，就是用职业化的工作特点，不断更新和完善全面有效的专业技能，来打造一生的光辉事业。

教师的幸福感源于学生的成功和学生对教师的真情回报；源于教育教学工作的成就；源于家长和社会的信任、尊重；源于领导的肯定和支持；源于豁达的生活态度、自觉高雅的生活情趣；源于和谐的人际关系。

（一）教师自身健康幸福的心态是职业幸福的首要因素

健康幸福的心态即一种平常的心态，一种感恩的心态，一种爱工作、爱学生的心态，一种没有嫉妒和抱怨的心态。这样做了，教师的幸福感一定能够得到提升。让我们这样尝试一下吧：改变自己的一些工作方式，寻找一些工作情趣和精神寄托，制造一些快乐元素，在做好心态的自我调整的同时，充实自己的精神生活，学会工作与休闲，学会苦中寻乐，学会享受教育。

池田大作认为，教师首先要具备牢固的教育理念：“所以从事教育的一切机关和教师都应当具有饱满的热情和牢固的教育理念。而所谓教育理念，可以说首先应当以对人的彻底而深刻的洞察、理解和热爱作为其支柱。如果偏离了这一基本点，我认为任何教育技术、制度和理想都只会是沙砾上的楼阁。”③ 教育理念是教师在对人深刻彻底洞察的基础上形成的，

①[日] 池田大作：和平与教育：池田大作国际学术研讨会献辞，2008 年，第 34 页。

②[日] 池田大作：和平与教育：池田大作国际学术研讨会献辞，2008 年，第 101 页。

③[日] 池田大作，[英] 汤因比：《展望 21 世纪——汤因比与池田大作对话录》，荀春生，朱继征，陈国梁，译，北京：国际文化出版公司，1985 年，第 43 页。

它是教师从事一切教育活动的内在指导力量，是教师内在的灵魂。教师首先要懂得享受课堂，课堂是教师生命中最重要的舞台，一个懂得享受上课的人，课堂便自然会成为其享受幸福的重要舞台，营造一个充满生命活力的课堂，和学生一起痛苦、一起欢乐，就会少许多教学的焦虑和烦恼。

（二）教师恰当的自我认同是职业分享与幸福的基础

幸福感是由衷的、发自内心的。如果教师是你梦寐以求的职业，而且在教书育人中自己的才华得到充分展示，这本来就是一种幸福。而一个没有积极自我观念，不能恰当认同他人、不能面对和接受现实的教师，就失去了对真正幸福的感受力和创造力，是很难有幸福感的，所以教师要提升自我境界，塑造好自身的人格。教师应该重视自己的工作，不要过多地去批评或抱怨，如果把过多的精力和时间放在发牢骚上就永远没有幸福感可言。同时幸福感不仅仅来自工作，更来自生活。开朗、豁达的生活态度，自觉高雅的生活情趣可以给我们增添许多快乐和幸福。

教师要用自己的学识与人格去影响和教育学生，所以教师必须有上进心，并且要不断磨炼自身的人格。“当然，教育最首要的是教师本身作为人的向上心，以及由此而渗透出的人格和人性”①。“如果把焦点放在教育中人格形成的方面，教师的人格磨炼在这里就显得特别重要了”②。而磨炼人格则在于教师对金钱和名誉欲望的舍弃，为此，池田大作以他的老师户田先生为例，说明了这一点。“户田先生也曾对我们讲过：‘为了能引率别人，就得舍掉名誉的欲望和金钱的欲望。越能舍弃这些欲望的人，越是强者。对于这种人，从好的意思说，是谁也奈何他不得的。’将‘名声’和‘财富’放在第一位的人，真正来说，是没有做领导者的资格的。对教育家说来，也是如此。”③ 教师的人格越高尚，越能带领学生走向光明，对学生产生积极作用。

---

①［日］池田大作，［意］奥锐里欧·贝恰：《二十一世纪的警钟》，卞立强，译，北京：中国国际广播出版社，1988 年。

②［日］池田大作，［英］B. 威尔逊：《社会与宗教》，梁鸿飞，王健，译，成都：四川人民出版社，1991 年。

③［日］池田大作：《我的人学》，铭九，潘金声，庞春兰，译，北京：北京大学出版社，1992 年，第 93 页。

（三）教师在懂得享受学生的过程中成就幸福

教师职业幸福感最重要的源泉一定是学生的成功和他们对教师的真情回报，影响教师职业幸福感的许多不利因素都可以从学生对教师的尊重、理解、感激中得到弥补。但要让学生感恩你，你就必须学会感恩学生、呵护学生、尊重学生，真正做到这点并不容易，但如果你只知道权威，那也许你会离幸福更远。

池田大作对良师进行了高度的赞美和呼吁，“我觉得再没有比能遇上充满热情的良师的青年更幸福的了。……我不能不衷心地呼吁，让那些对教育倾注了热情、投入全部身心、在青少年心中点燃永恒回忆之灯的好老师，大批地登上讲台吧！这样，通向难题如山的人的教育的道路，一定会一下子豁然开朗”①。学生是教育的对象，教育的目的就是使学生得以全面发展，为此，对学生就要有一个正确的认识。池田大作认为，要充分尊重学生，维护学生生命的尊严，并充分注重学生个体间的差异。“要实现人的教育，我认为首先必须要改变大人的社会观、价值观。无须多说，人类常年试行错误的结果，已认识到应当把以生命的尊严为基础的民主主义当作一切的大前提。也就是说，梅花就是梅花，樱花就是樱花，应当把各个领域里开出真正属于自己的花当作骄傲，这才是未来社会的理想形象”②。因此，要尊重学生的个性差异，充分发展和培养学生的个性，使每个学生根据自身特点和个性充分张扬，就达到了教育目的，“我希望能在真正的自我中，始终保持不断创造新事物的创造性和为人们、为社会做出贡献的社会性。在平凡的生活中仍能发现新鲜的感动和喜悦的人，可以说是使自己生活得富有创造性。我希望从风中颤动的一片树叶上也能听到光线脉搏的跳动，我希望能培养出一颗在路旁开放的无名的野花上也能发现美的心灵，应当充满了正义和勇气，能以强韧的生命力去冲破任何惊涛骇浪”③。

①[日] 池田大作：《我的人学》，铭九，潘金声，庞春兰，译，北京：北京大学出版社，1992 年，第 1 页。

②[日] 池田大作：《我的人学》，铭九，潘金声，庞春兰，译，北京：北京大学出版社，1992 年，第 45 页。

③[日] 池田大作：《我的人学》，铭九，潘金声，庞春兰，译，北京：北京大学出版社，1992 年，第 55 页。

幸福是人生永恒的主题，只有感到幸福的人，其人生才是快乐和充满阳光的，追求幸福是每个人的毕生所求所愿。但其实什么是幸福，从来也没有一个统一的概念。相同的生活境遇，在此人心中会倍感幸福，但在彼人心中或许会深感痛苦，所以不同的幸福感和幸福观都取决于不同的人生观、价值观和主观的心态，教师也不例外。教师在他（或她）幸福的职业生涯中始终践行着与时俱进的职业理念，分享着其卓越的人生智慧，以实现崇高的育人目标。

日本“超级全球化大学”人才培养理念、特色及启示
——基于创价大学的考察

李　丹[①]

为了加快日本大学的国际化进程，进一步提升日本大学的国际竞争力，培养更多活跃在世界舞台上的高素质人才，2014 年由日本文部科学省推出的“超级全球化大学计划”应运而生。特别是在同年 9 月，在文部科学省所公布的“超级全球化大学创建支援”事业评选中，创价大学从众多私立高校中脱颖而出，以“建设人本教育的世界据点——引领和平与可持续发展的‘世界市民’教育项目”获选“全球化牵引型大学”（B 类）。该校以建校精神为指导，在推进和完善创造性人才培养的进程中，阶段性成果斐然，可以说从一定程度上推动了日本高等教育国际化的深入发展。笔者根据在该校读博期间的亲身经历，通过对项目申报书的解读，对其以“创造性世界市民”为培养目标的人才培养理念、特色及成果进行了考察和分析。

一、申报“超级全球化大学创建支援”项目的背景

日本早在昭和 22 年（1947 年）便制定了学校教育法，之后一直处于对一般教育理念（大学教育不要让学生仅限于掌握专业知识，而要通过学习，掌握更广泛的知识，从而培养洞察力及自主性、综合性的思辨能力）的摸索阶段。在平成 3 年（1991 年）的大学审议会上，通过了大学设置标

①李丹，大连艺术学院副教授，日本创价大学博士研究生。

准的大纲化（大学适应学术发展及社会需求，基于自身的教育理念、目的开展有特色的教育研究和制定弹性化制度）及导入自检、自评体系的提言。该提言虽然在教学计划的改革等方面取得了进展，但是大学如何基于自身的理念改善课程教育，如何培养学生“课题探求能力”等问题还未得到真正解决。之后，在平成 20 年（2008 年）的中央教育审议会上通过了“学士课程答申”，促进了各大学学士学位授予方针明确化，同时也强调了具有多样化的建校理念、教育理念的私立大学的作用。在平成 24 年（2012 年）的中央教育审议会上通过了“质的转换答申”，提及了高等教育改革的必要性及质量保证的妥当性。在平成 25 年（2013 年）的“以推进教育改革为目的而设置的教育再生实行会议”（日本内阁最重要的课题之一）中发表了“高中教育与大学教育的接轨·关于大学入学者选拔（第 4 次提言）”。提言中涉及如何应对全球化人才培养，建设成为地区核心的大学，彻底推进大学质量保证等内容。在平成 27 年（2015 年）的教育再生实行会议（第 7 次提言）中提到大学要导入“学生通过主体行动而产出知识的实践型、体验型”教育，充实教员的研修制度，提高授课质量等内容。日本高等教育改革的动向可概括为：实现教育项目的单位组织（大学·二级院系·学科）的有机联动；大学教育的质量确保（大学水平、项目水平、科日水平）的妥当性；具有社会需求和全球化的改革意识（知识、技术、态度及社会人的基础能力定为指标范畴）。①

另外，日本政府早在 1983 年提出的“接受 10 万留学生计划”是以促进与各国大学国际交流及帮助发展中国家培养人才为目的的计划，该计划在 2003 年实现。随后于 2008 年又制定了以吸收优秀的留学生、培养为经济发展做出贡献为目的的“30 万留学生计划”。为了实施此计划，于 2009 年出台了“构筑国际化据点项目（Global 30）”简称“全球 30 校”项目②，对入选大学给予连续 5 年的财政资助，还提出了设置留学生使用英语获取学位的计划要求。然而，该计划在遭到各种质疑批评后很快结束，于是日本政府进行了全面反思，把政策转向了将日本学生培养成全球化人

①创价大学田中亮平副校长在 2017 年度教师研修会上以“高等教育的改革动向与本校的应对——SGU 及 AP 事业的批准的意义”为题，对日本高等教育的改革动向进行了阐述，上文为笔者对其发表的主要内容的归纳。

②日本学术振兴会（Global 30）http://www.jsps.go.jp/english/e-kokusaika/.

才，随即于2012年推出了“推进全球化人才培养事业”，并在听取教育再生实行会议（第3次提言）① 后，于2014年初启动了“超级全球化大学创建支援（top global university）”项目②，日本政府旨在从根本上进行大学改革，提高日本高等教育的国际影响力与竞争力。日本政府将在未来10年内对入选的大学给予重点财政资助，资助对象分为A、B两个类型的大学。A类是指“具备以进入世界大学排行榜前100名为目标的实力，开展世界级的教育研究”的“顶尖型大学”。B类是指“在已有的实绩的基础上，敢于探索，引领日本社会的全球化”的“全球化牵引型大学”。创价大学顺应日本高等教育改革的潮流，提交了平成26年（2014年）“超级全球化大学创建支援”项目构想申报书（B类），经过严格审查，在109份项目申报书中脱颖而出，在最终确定的共计37所入选的院校中，入选其中的B类项目（24所院校入选）。③

二、独具特色的获批项目申报书及阶段性成果

“超级全球化大学创建支援”项目公募要领规定参与此项目评审的各大院校需要提交项目申报书。申报书的内容大体包括：①大学整体构想概念图；②10年发展规划、阶段性成果的进度表；③通用指标及个性指标概念图；④以“国际化、教学改革、大学管理改革、体现大学特色（B类）”为方针的具体的考评指标及数值目标（定量、定性的通用指标；个性指标）及10年后的预期目标等。其中创价大学提交了以“建设人本教育的世界据点——引领和平与可持续发展的‘世界市民’教育项目”为构想的申报书，获选“全球化牵引型大学”（B类）。创价大学如何赢得评委专家的认可，最终获批“超级全球化大学创建支援”项目，从创价大学申报书的内容及评审结果的主要内容可以分析出，以下对此内容进行了归纳整理。

---

①教育再生实行会议第3次提言，http://www.mext.go.jp/b_menu/shingi/chukyo/chukyo0/gijiroku/attach/1340416.htm.

②③日本学术振兴会“超级全球化大学创建支援（top global university）”项目评估结果，https://www.jsps.go.jp/j-sgu/kekka.html.

平成26年度（2014年）超级全球化大学等事业

“超级全球化大学创建支援”构想申报书（B类）①

大学名称	设置形态	构想名称
创价大学	私立	建设人本教育的世界据点——引领和平与可持续发展的‘世界市民’教育项目

通用指标

通用指标1	方针	具体指标、措施
创造性、拓展性等	大学的理念	基于建校精神，培养“创造性人才”的大学
	构想目标	创造性的世界市民（“自身的幸福不要建立在他人不幸的基础上”的共生理念）
		人本教育的世界据点（“地球社会可持续性发展”的共生的理念）
	构想主要内容	Global Mobility（为促进教育环境的国际多样化，扩大外国留学生的招生及日本学生的海外派遣）
		Global Learning（提升本科教育项目的国际通用性）
		Global Administration（校内会议、文书等英语对应及增加外籍教师的比例等，促进校内管理的全球化）
		Global Core（促进教育研究领域的全球化，开设世界级水平的推进和平研究的“Global Core Center”及大学院校“和平·世界市民教育研究专业”，形成人本教育的世界据点）

①日本学术振兴会“超级全球化大学创建支援（top global University）”项目评审结果－入选大学一览：B类（全球化牵引型），https://www.jsps.go.jp/j-sgu/h26_kekka_saitaku.html.

通用指标2	方针	具体指标、措施
通用成果指标及达成目标	国际化相关（1）多样性	①新教师优先考虑采用外籍教员及具有国外博士学位的本国教员；世界范围内招聘人才；活用在外研究制度等，以此来提高本校外籍教员及取得国外学位的本国教员的比例。 ②推进采用外籍职员及取得国外学位的本国职员的工作；制定并实施长期英语实务研修项目及国外大学学位取得项目，以此来提高本校外籍职员比例。 ③通过男女共同企划推进制度及文部省实施的“女性研究者研究活动支援事业”，积极录用女性做管理职务等，以此来提高本校女性职员比例。 ④通过在本科及研究生课程中开设English Track课程，实施外国人入试制度的改革及实行奖学金制度的生活支援等，以此来提高本校外国留学生的比例
	国际化相关（2）流动性	①扩充多样化的留学项目，充实各类支援体系，以此来提高海外留学生的比例。 ②国际教养学部的海外留学必修化，扩充派遣、接收等本校独自的奖学金制度，以此增加基于大学协议的赴海外交流的人数
	国际化相关（3）留学支援体制	①留学前支援、留学中支援、留学后支援，构建面向日本学生赴海外留学的援助体制。 ②留学前支援、生活支援、就业支援，构建面向外国留学生的支援体制
	国际化相关（4）语言能力相关	①充实本科及研究生课程的英语授课科目，提高全校外语授课科目的比例。 ②国际教养学部、看护学部、研究生课程等English Track项目的扩充及实施，提高全外语学位专业数与其占全校总专业数的比例。 ③充实日语基础 / 初级水平科目，扩充日本理解 / 研究科目，扩充短期日语 / 日本文化研修项目，充实日语教育。 ④持续强化有史以来的各种有效措施，扩充非英语圈的留学项目等。注重学生外语水平的测试及把握、提高

通用指标2	方针	具体指标、措施
通用成果指标及达成目标	国际化相关（5） 教务系统的国际通用性	①重新审视本科到博士课程国际编码，做到有机结合并制作成“课程树状图”，面向海外可公开链接。改善课程国际编码的实施情况、所占比例。 ②强化本科课程的顾问制度，给硕士配备副指导教官，整备以GPA为基准的学分认定制度等，改善GPA设置状况。 ③推进教学大纲的英语化，积极公开大纲及课程信息，提高教学大纲的英语化程度及比例。 ④教职员海外派遣及整备事务体制，强化自我检查及评价制度。教育项目的国际通用型及质量保证
	国际化相关（6） 大学的国际开放度	①与外国留学生及日本留学生外语研修等相配套的灵活的校历制度，制定秋季入学制度等。 ②指定校入试、推荐入试等可凭国际会考成绩。 ③网上报名、海外考点设置、网上办理入学手续等。 ④外国留学生入学前奖学金授予的预先通知。 ⑤新建留学生与日本学生同住的学生宿舍，强化支援入住体系。 ⑥新设置韩国、菲律宾等海外办事处。 ⑦强化外国留学生毕业生网络的建设。 ⑧强化外语信息传播手段等
	大学管理相关（1） 人事制度	①对具有较高专业性的外籍教职员积极采用年薪制。 ②设置明确的、透明度高的任期聘用制度等。 ③完善评价体系，借鉴国外人事评价制度，制定国际通行的聘用制度。 ④聘请国内外优秀讲师，完善教师研修培训制度
	大学管理相关（2） 管理制度	①通过海外人才优先雇用、海外派遣等提升职员的事务能力及培养高级职员。 ②设定更加富有挑战性的目标，加速大学改革，明确中长期发展规划

续表

通用指标2	方针	具体指标、措施
通用成果指标及达成目标	大学管理相关（2）管理制度	③强化校长辅佐体制，教授会的作用明确化，建设迅速决策组织体制。 ④强化外国人参与决策等组织的建设。 ⑤配置专任教职员进行大学评价体系的数据调查及研究，强化毕业生跟踪信息调查，确保教育质量
	教学改革相关（1）教育质量的转化、自主学习的确保	①通过自主学习、互动学习及课堂课外联动等保障学习的质与量。 ②通过问卷调查、课后反馈等多种学评教体系提高学生自主参与教学的能力，促进大学的运营管理。 ③设置本科、研究生教师助理制度，强化英语课程辅助体制并给予培训，提高学生教学实践能力
	教学改革相关（2）入学考试改革	①TOEFL等校外考试成绩可代替入学考试（一般、全校统一、外国学生）。 ②借鉴国外大学经验，计划实施 AO入试等多样化的入学选拔考试制度
	教学改革相关（3）灵活而多样的学制体系	①实施灵活的调换院系、专业等制度，强化学习支援体制。 ②导入5年取得学士、硕士双学位的一贯制课程制度及提前入学、毕业制度

通用指标3	方针	具体指标、措施
大学个性成果指标与达成目标	主动并富有挑战性的个性化定量、定性成果指标与达成目标	①采用美国大学协会（AAC&U）的“创造性思维法”，把评价培养目标“创造性世界市民”应具备的“创造性”作为定性指标。 ②把能够测评为了培养“创造性世界市民”而实行多样化质量保障的国际化推进程度作为定量指标

通用指标4	方针	具体措施
实现构想的体制建设	实现构想的校内体制、适应环境变化的自我变革体制、项目结束后的持续性等	①设置“国际战略室”作为“十年发展规划–创价大学宏伟计划”机构。 ②设置“全球化・核・中心”作为本项目的推进中心。 ③即使本构想项目结束后，设置的“国际战略室”与“全球化・核・中心”在全校范围内也持续推进各种事业

个别指标B类（全球化牵引型）	方针	具体措施
大学特色	大学特色及措施	回顾：①开展国际交流及国际性教育项目使建校理念具体化。②国际化飞跃的发展得益于创价大学宏伟计划・国际化人才培养推进事业。 本构想：①以“创价大学宏伟计划・国际化人才培养推进事业”为基础，进一步彻底推进全校国际化。②基于人本主义的以人类意识为志向的建校理念，构建共生与连带的多样化国际交流网络及国际性的学制项目。③围绕“和平”“环境”“开发”“人权”领域综合性地研究21世纪人类直面的课题，构筑人本教育的世界据点

从以上内容可以分析出创价大学对SGU的改革构想，基于现状分析所采取的行动目标、措施以及10年后的预期目标都做了富有战略性的细致的规划，赢得了评审委员会的较高评价。

平成26年（2014年）超级全球化大学等事业“超级全球化大学创建支援”评审结果①如下：

主要评价：基于建校精神，对把地区与大学教育有机而紧密地结合在一起的全校性的国际化推进体制的构想给予评价。基于“创价大学宏伟设计”，以发展“牵引经济社会发展的全球化人才培养支援”为目标而制定计划，并为使体系完备及项目开发具体化以及形成高质量的教育、获取国际性知识经验的机会等方面做好了充分而详细的准备。以培养世界市民为目标而落实计划，全校性英语授课将可能成为标杆。包括向非洲各国或发展中国家积极派遣日本学生等体现了贵校自身的理念与志向。另外，前面虽已出现过强化外语教育，但致力于定义和培养大学所谋求的全球化人才的新战略，比如毕业生人才网的活性化开展也很必要。最后，希望获批“超级全球化大学创建支援”的贵校，能够放眼十年后大学的发展，彻底进行“大学改革”与“国际化”，认识到成为提高日本高等教育的国际竞争力的核心大学的意义、责任及厚望，真诚地致力于构想内容的实现。

创价大学自获批“超级全球化大学创建支援”项目后，秉承建校精神，以“多样化”为特色，致力于大学改革，从致力于“创造性的人”到“知力、人间力”兼具的“创造性的世界市民”培养目标的变化发展中可以分析出该校进一步加快了国际化进程的脚步。目前该校以“建设人本教育的世界据点”为目标，主要在以下几个方面取得了阶段性的显著成果（截至2016年，数值暂定），同时也预测了10年后（2023年）能够达到的数值目标。②（以下数值均已超过构想申报书的数值）

---

①日本学术振兴会“超级全球化大学创建支援（top global university）”项目评审结果－获批大学一览：B类（全球化牵引型）个别评审结果，https://www.jsps.go.jp/j-sgu/h26_kekka_saitaku.html.

②创价大学“超级全球化大学创建支援（top global university）”项目成果报告会（2017.4.21）。“全球·核·中心”小出稔教授围绕目标及目前所取得的成果所进行的报告的部分内容归纳。

通用指标	达成目标项目	构想时（2013年）	中间阶段（2016年）	十年后（2023年）
通用成果指标与达成目标① Global Mobility/Global Administration	外国留学生数量/人	313	834	1162
	取得学分的日本学生留学人数/人	557	905	1247
	外国教员等所占比例/%	43.3	49.2	68.0
	外国职员等所占比例/%	2.4	9.9	14.4
通用成果指标与达成目标② Global Learning	外语基准达成/人	296	1035	1430
	凭外语可毕业的学科数/个	1	6	10
	英语化大纲所占比例/%	11.3	33.5	28.8
	TOEFL等校外考试定员所占比例/%	24.0	46.7	46.0
通用成果指标与达成目标③ 其他达成目标	外语授课课程数量/门	112	392	464
	教员年薪制适用率/%	22.9	29.8	25.1
	任期聘用制度采用比例/%	52.2	72.2	81.3
	女性教员比例/%	87	102	110
	女性职员比例/%	69	61	84
	满足外语基准（相当于TOEIC 730分）的职员人数/人	24	49	60

个性指标	定量指标	构想时（2013年）	中间阶段（2016年）	十年后（2023年）
大学个性成果指标与达成目标① 设定实现大学国际化与多样化的目标	国际企业就业人数/人	103	156	200
	海外志愿者人数/人	32	111	150
	海外实习者人数/人	25	100	150
	涌现出具有海外研修经历的教员/人	36	37	70
	涌现出具有海外研修经历的护师/人	0	44	50

续表

个性指标	定量指标	构想时（2013年）	中间阶段（2016年）	十年后（2023年）
大学个性成果指标与达成目标②	交换学生派遣国/地区数量	37个国家	55个国家	60个国家
	非洲各国留学生派遣数/人	13	32	50
	英语以外外语能力基准达成数/人	60	245	150
	6学分以上的学分认定的留学生人数/人	50	224	400

以上成果表明，创价大学在创建“超级全球化大学”的进程中，改革目标清晰，无论是包括“国际化、大学管理、教学管理”在内的通用指标，还是“自行设定的体现大学理念及特色”的个性指标都很全面、具体，一切以学生为中心，通过旧的知识领域的横跨和重组，创建新的知识领域，为构建新的教学模式和大学运营管理体制而努力。创价大学所培养的人才是能够引领和平与持续可能性的“创造性世界市民”，具有高度的外语运用能力及文化多样性的认识能力；具有多样化思维的沟通能力及团队管理运营能力；能够理解他人，与他人共同合作；能够努力解决当今经济全球化过程中所面对的各种问题。

三、创办人办学理念与“创造性世界市民”的培养

“超级全球化大学创建支援”项目是以创办人池田大作先生在第32次创价学会本部总会上所发表的创价大学的建校精神（成为人本教育的最高学府；成为新式文化建设的摇篮；成为坚守人类和平的要塞）为基础而开展的。① 创价大学的建校精神可以说是所有“创大人”永远的目标，是贯穿创大今后数百年的生命线。在1969年6月所发行的《开拓新时代大学的未来像》一文中，池田先生提道：“创价大学的第一特色是即使教授没有

①[日] 神立孝一:《創価大学の創立と創価教育》，载《創価教育第1号》，2008年，第107页。

名气，但是是由具有像青年那样旺盛的研究欲望，用生命致力于教育的人所组成的”“教授与学生的关系不是相互对峙的关系，而是作为共同探求学问之道的同志，也可以说是前辈和后辈的关系，不管怎么说都是民主的关系”“因此，学内的运营也好，要实现学生参加的原则，建立理想的学园共同体”①。池田先生明确了“人本教育”，立足于面向未来的人才培养目标而创建了创价大学。池田先生始终以“人”为出发点，他所想的是为了学生，建设的是以“学生为主体，学生第一”的大学。他认为“担当社会的自觉与责任是必要的”②，强调人们要关注现实中发生的各种问题，并将自身所学的知识应用于提高和发展的过程中，绽放创造之花。“我想培育的不是‘精英’，而是‘领袖’，也就是能够站在陷于烦恼的人，痛苦的人，不幸的人的一边的人才是真正的领导人”③。我们曾对21世纪充满希望，但现实却是以教育界为首的社会各个阶层都陷入了迷途。正是因为社会存在闭塞感，所以需要能改变这种状况的人才，而与培养这类人才息息相关的高等教育机构，可以说任重而道远。

“无论发展到什么时代，我们始终坚持体现创办人池田大作先生提出的建校精神，在各个领域培育出创造新价值的‘创造性的人才’，这也是创价大学永远的使命。创价大学宏伟设计明确了到2020年建校50周年时，实现本校不变的使命这一战略目标。坚持建校以来‘学生第一’的精神，全校师生将与各相关人士共同努力，构筑新历史新传统”④！

“创价大学不变的使命就是无论发展到什么时代，都要体现建学精神，在各个领域培育创造新的价值的‘创造性的人’，值此面向创立50周年之际，我校宣布要将使命具体化，检验有史以来的教育、研究的传统与实绩，由此制定了宏伟设计。此设计的制定是征求了教职员工的意见，经过讨论决定的。历时两年半的准备，在2010年发表了‘创价大学宏伟设计’”⑤。

---

①[日] 高村忠成：《学生こそ“大学建設”の主役》，载《創価教育研究創刊号》，创价大学创价教育研究センター，2002年，第66页。

②“創立者の語らい”编辑委员会，创价大学学生自治会：《創立者の語らい》上卷，1990年，第209页。

③[日] 池田大作：《青春対話》，东京：圣教新闻社，2003b，第22页。

④[日] 馬場善久：面向50周年的宏伟设计“序言”，http://www.soka.ac.jp/cn/about/grand_design/.

⑤[日] 田代康則：創価大学グランドデザイン　ストーリー，http://gdreport.soka.ac.jp/story.html.

由此可见，创价大学的使命及人才培养目标都是基于池田先生所提出的建校精神，以培养“创造性的人才”为己任。“宏伟设计”主要涉及“教育战略”“教员的研究、教育活动”“学生支援”“超级全球化大学的建设”“通信教育部的建设”五项内容。在创办人池田先生提出的建校精神的指导下，积极建设“培养学识与品格兼备的世界市民”的人本教育世界据点。可见，创大从硬件和软件上都在为进一步推进世界和平人才的培养而努力着。

为了纪念创价学会成立70周年及牧口会长的《创价教育学体系》发刊70周年，池田先生在2000年9月发表了以“建设‘为了教育的社会’21世纪与教育——我的所感”为题的倡言。在介绍牧口会长具有先见性的教育思想的同时，具体提出了改革的方向和试行方案。值得称赞的是试行方案在10年后的“宏伟设计”中，一步一步实现。比如仅在学生支援方面，创价大学所设立的“教育·学习活动支援中心”支持教师教改项目、为学生提供能够解决自身学习上的困难的学习支援服务。导入了“双专业”“双学位”制度，充实了“单位互换”“编入学的相互接收”制度，充实了“奖学金制度”“国际学生宿舍的再建”“日本学生和留学生的就业活动的支援”“学生生活的支援与充实”“大学国际交流活性化”，导入具有多种选考方法的新的“考试制度”“秋季入学制度”，等等。创价大学是一个通过这些根本性的教育改革，来培育具有“人间性”的创造性人才的“学习场所”，是池田先生继承前两任会长的遗志，进行人本教育思想实践的最能体现创价教育的场所。

综上所述，创价大学所培养的人才是以建校精神为基础，能够引领和平与持续可能性的“创造性世界市民”，池田大作作为创办人，为学生人生导航，培养了大批具有创造价值的人才。“超级全球化大学创建支援”项目的顺利推进与实践也正是其“人本教育思想”最深刻的体现。通过对此项目的考察与分析，不仅在一定程度上对日本高等教育的国际化趋势有了更清楚的了解，还对创价大学创办人池田大作先生的人本教育思想有了更深刻的认识，让人受益匪浅。今后本人还将继续关注此项目的进展，加深对该校人才培养理念的学习，不断探索人本教育的真谛。

从池田大作“创造价值”思想观点探讨积极老龄化

林湘华[①]

池田大作先生认为，创造价值是“不论身处何种环境，都要找出生存的意义，充实自己，为别人的幸福贡献力量”。在这里，创造价值有两方面的意义，一是“为己”，就是充实自己，提升自己的精神境界；二是“为人”，就是为别人的幸福而贡献力量，这是一种利他的实践。人生的意义和价值就是个人价值与社会价值的统一。

21 世纪全球人口增长速度不断放缓，人类社会将走向持续普遍的老龄化，将是人口老龄化的世纪，是老年人越来越多的世纪（穆光宗，2006）。人口老龄化是人类社会发展的必然结果，它也预示着全球社会结构的重大变化，经济结构和运行方式都将面临巨大冲击。在这样一个老龄化时代，创造价值的思想，是每一个人，不管年轻人还是老年人，都更应该深思并且实践的。2007 年，池田大作先生针对日本面临的严重老龄化问题——经历了重大分水岭的“2007 问题[②]”，发表了《高龄社会的生存之道》，认为目前日本，甚至全球的高龄人口持续增长，“这不单是‘数字在增加’的问题。这也是一个契机，让人通过照顾高龄人士，重新检讨该如何看待人生与社会”。并提出了“如何才能建构一个让人终身感到生活过得充实且富有价值的社会”这样一个关系个人也关系到社会的现实问题。池田大作

---

①林湘华，中山大学南方学院综合素养学部博士。

②随着第二次世界大战后生育高峰中出生的一代人开始达到 60 岁的退休年龄，今后 3 年，一下子有近 700 万人退休，日本劳动力和熟练技工供不应求的状况日益加剧，“2007 问题”特指这一变化。

先生对高龄社会的关注和思考，特别是对人这一生如何充实而富有价值的思考，正是联合国提出的“积极老龄化”的理念，这一理念在这样一个高龄社会全球化的时代，更具有现实意义。

一、世界人口老龄化现状

根据1956年联合国《人口老龄化及其社会经济后果》确定的划分标准，当一个国家或地区65岁及以上老年人口占总人口比例超过7%时，则意味着这个国家或地区进入老龄化。1982年的维也纳老龄问题世界大会确定，当一个国家或地区60岁及以上老年人口占总人口比例超过10%，则意味着这个国家或地区进入老龄化。

人口老龄化最早出现在西方发达国家，20世纪70年代，随着社会经济的发展和医疗科技的进步，西方发达国家的死亡率，特别是婴儿死亡率大幅度降低，而后带来了生育率的持续下跌，西方发达国家由高死亡率、高生育率和高自然增长率的传统人口再生产类型向低死亡率、低生育率和低自然增长率的现代人口再生产类型转变，并率先进入了人口老龄化。“1969年民主德国、1974年联邦德国，以及随后的意大利、瑞士、挪威等国家相继出现了人口零增长。到1987年，世界上有14个国家开始人口零增长，少数国家进入负增长。发达国家的人口老龄化已成为不可逆转的事实。”① 从全球化的视角来看，人口老龄化不仅是西方发达国家面对的社会问题，也是整个人类社会需要面对的难题。根据世界卫生组织的报告，现在全世界有1.25亿人的年龄在80岁以上，到2050年，仅中国就会有这么多80岁以上的人口，而世界范围内这一年龄组的人数将达到4.34亿。且在2050年时，80%的老年人将生活在低收入和中等收入国家。人口老龄化虽然开始于高收入国家，包括日本（目前30%的日本人已经超过60岁），但低收入和中等收入国家正在经历着最大的变化。

1950—2000年是全球人口数量高速增长的50年，而2000—2050年则是全球人口结构迅速老化的50年。这一个世纪，是人口结构转变最为剧烈的世纪。目前，世界各国陆续进入或迈向了老龄化社会，人类将面临人口

①佟新：《人口社会学》，北京：北京大学出版社，2006年，第164页。

老龄化带来的前所未有的挑战。人口结构转变带来的人口老龄化将使人类社会的性质发生重大转变，漫长的人类历史上的年轻社会将迅速转变为老龄社会，这种转变，和人类社会从传统社会转变为现代社会、从农业社会转变为工业社会一样具有重大的意义和深远的影响（陈卫，2016）。

人类文明社会的发展可以看作一部人口增长史，进入21世纪后，或者应该说，是一部人口转变史。将人口发展放在历史长河中，人口变化的趋势，可以看作是一种旧常态转变为一种新常态的趋势，而这种转变的转折正是人口转变。在人口转变过程中，全球人口从高生育率、高死亡率的缓慢增长及结构年轻的人口形态转变为低生育率、低死亡率且同样缓慢增长但却结构老化的人口形态。目前，全球人口正在经历前所未有的转折时期，人口增长率在降低，并将进入长期的下降过程，人口数量虽然依然在增长，但增长的脚步却在不断放缓。日本人口数量已经连续7年下降，2017年降幅刷新了1968年以来的最高纪录，日本国内人口自2000年以来一直在1.26亿以上浮动，2017年是17年来首次跌破此水平。发达国家的情况也不容乐观（见表1）。

有学者研究指出，对比中国和日本与人口有关的各项指标可以看出，中国到2050年时，人口结构将和2010年的日本相似，也就是说，目前日本面临的严峻老龄化，在40年内，中国也将经历这一挑战。因此，这也是老龄化问题引起全球各国持续高度关注的原因。它不是一个国家的难题，而是全世界的难题。

表1　主要发达国家65岁及以上人口比重（1950—2015年）　　单位：%

年份	美国	英国	法国	德国	日本
1950	8.3	10.8	11.4	9.6	4.9
1955	8.8	11.3	11.6	10.5	5.3
1960	9.1	11.7	11.6	11.4	5.7
1965	9.5	12.2	12.1	12.4	6.3
1970	9.8	13	12.9	13.6	7
1975	10.5	14	13.4	14.8	7.9
1980	11.3	14.9	14	15.6	9
1985	11.9	15.1	12.9	14.4	10.2
1990	12.5	15.7	14.1	15	11.9

续表

年　份	美　国	英　国	法　国	德　国	日　本
1995	12.6	15.8	15.2	15.4	14.4
2000	12.4	15.8	16	16.3	17.2
2005	12.3	16	16.4	18.9	19.8
2010	13.1	16.6	16.8	20.8	23
2015	14.7	18.1	18.7	21.4	26.4

数据来源：郭玉贵：《老龄化问题的应对之策》，载《社会治理》2017年第1期。

二、积极应对人口老龄化带来的挑战

早在20世纪80年代，发达国家率先进入人口老龄化并蔓延开去，联合国就开始探索如何解决人口老龄化问题。1982年联合国在维也纳召开了第一次老龄问题世界大会，通过了包括62项建议在内的《老龄问题国际行动计划》。1991年12月16日通过《联合国老年人原则》，强调老年人要独立、参与和自我充实。独立指老年人应有工作机会或其他创造收入的机会，能参加适当的教育和培训。参与指老年人不脱离社会，始终与社会融合，积极参与制定和执行直接影响其福祉的政策，并将其知识和技能传给子孙后辈；能寻求和发展为社会服务的机会，并以志愿工作者身份担任与其兴趣和能力相称的职务，能组织相关的活动和协会。自我充实指老年人能追寻充分发挥自己潜力的机会，能享用社会的教育、文化、精神和文娱资源。2002年联合国在马德里召开第二次老龄问题世界大会，总结就维也纳会议后20年来各国在老龄问题上的行动进展，通过了《老龄化马德里政治宣言》和《老龄问题国际行动计划》，提出了积极老龄化的定义：健康、参与、保障。积极老龄化观念被纳入各国发展框架，希望能让高龄者积极面对老龄化，过更有价值与品质的晚年生活。

时任联合国秘书长潘基文在2015年的国际老年人日的致辞中指出：国际老年人日的主题是“可持续性与城市对不同年龄人的包容”，意味着为老年人提供机会，让他们方便和安全地参加经济和社会生活。这还意味着为老年人提供必要的廉价住房以及保健和社会服务，帮助他们就地养老。潘基文呼吁各国政府创建包容、安全、有活力和可持续的城市和人类住区，不让一个人（不管他/她年龄多大）掉队。

的确，寿命的延长本来就是人类文明社会发展的必然过程，寿命延长是从古至今人类追求的进步，不仅能给老年人及其家庭，而且能给整个社会带来机会，寿命的增加使得老年人有机会从事新的活动，如进一步求学、从事新职业等。老年人还可以以多种方式对其家庭和社区做出贡献。如果他们能够生活在一种支持性的环境中，则他们从事自己认为有价值活动的能力将与年轻人几乎没有差别。池田大作先生在《高龄社会的生存之道》中提道，把年老看作是走向死亡的衰老时期，或是走向人生完美终结的时期？把它看作是走下坡，或是生命的升华？除了政策层面上的思考和努力，也需要转变我们的观念，从传统的养老概念，即把老年人作为被动接受各项服务的对象，把解决老年人的生存问题作为首要的和前提性的条件转变为符合现代社会的养老理念，即把老年人视为社会和家庭的财富，视为愿意为社会和家庭继续做出奉献的贡献者，强调和鼓励老年人积极参与社会和自我发展，从消极老龄化转变到积极老龄化。

三、从健康老龄化到积极老龄化

健康老龄化就是追求健康的长寿，延长寿命并提高生命的质量，也就是延长老年人的健康期，缩短老年人的病残期，在人口老龄化的过程中设法扩大健康老人的规模和比例并使之成为老龄化的主体性力量（穆光宗，2002）。当然，“健康”是寿命延长能够带来机会和贡献的最基础的因素，但是仅仅健康老龄化并不能满足老年人口的需求，健康老龄化是一种“独善其身”的生命诠释，但是对于老年人的精神需求来说，除了“独善其身”，还可以“兼善天下”，健康老龄化并不是我们的终极目标。

积极老龄化表达了比健康老龄化更广泛的意思，“积极”不仅指身体活动能力或参加体力劳动，也指不断参与社会、经济、文化、精神和公民事务，既激活老年人人力资源的再运用，也提升老年人的生活质量，使其免于随着退休和年龄增长而陷入老年经济危机、身体衰败、社会孤立，甚至丧失生命意义的困境。

（一）积极老龄化的理论基础

2002 年，积极老龄化开始成为 21 世纪人口老龄化的政策框架，它肯定老年人的价值，把健康、参与、保障作为一项应对人口老龄化挑战的战略，并明确这三位一体不仅是老年人的需要，更是一种权利（邬沧萍，2006），强调应努力创造条件使老年人回归社会，参与所在地区的经济、社会、文化和政治生活，从而使“老龄化对社会经济的压力转化为促进可持续发展的动力”（世界卫生组织，2003）。因此，积极老龄化的主要内容在于转变观念，并促进老年人全方位地参与社会活动。

积极老龄化的思想可以追溯到20世纪60年代初期美国学者提出的活跃理论，这一理论主张老年人要积极参与社会活动，通过新的参与、新的角色改善老年人因社会角色中断引发的情绪低落。活跃理论是老年人适应社会、适应老年期的个体行为选择模式，这一理论是对脱离理论的回应，脱离理论基于传统对老年人的认识，认为老年人应该脱离社会，不需要积极的社会参与，个体在晚年时期应该从主要的社会角色中退出来，从而更好地适应老年期的生活，同时也促进社会、代际之间的交替。在脱离理论和活跃理论的基础上，美国学者赖卡德提出了连续性理论，认为老年期的生活方式很大程度上受到中年期生活方式的影响，这一理论更加注重个性在老年人社会参与中的作用。这些经典理论从个体如何更好地适应老年期生活的角度阐述了不同的主张。1997年召开的西方七国首脑丹佛会议提出了积极老龄化的主张，1999年欧盟通过了老龄政策公报，即“建立不分年龄的欧盟”“促进繁荣和代际和谐”，并提出了积极老龄化的政策框架，基本内容是通过各种方式为老年人参与社会活动创造条件，使得老年人能更好地适应老龄化社会的发展变化。这一内容的理论基础是能力本位论，即只从年龄来评价一个人的能力高低是不客观的。

（二）积极老龄化的三个维度

池田先生认为，树立真心尊敬高龄人士的风气，无疑是为社会的持续繁荣打稳基础。积极老龄化首先从态度上转变了人们对老年人的看法，老年人不应该被视为棘手的难题，传统观念只是将老年人看作被关怀、被照顾的对象，却忽视了老年人身上存在的能动性、积极性和创造性。“传统上老年人通常是和退休、疾病和依靠抚养联系在一起……事实上，大多数人在老年时期，仍然保持独立……老年人在家庭里的无报酬贡献（参与照看小孩或患病者）可以让年轻的家庭成员参与有报酬工作……老年人的志愿者行动为社会做出贡献”①。在第二届世界老龄大会上，国际老龄问题联合会主席海伦·海默琳指出：“老年人经常被视为需要照顾的对象，但是随着社会进步，今天许多70岁甚至80岁高龄的老人仍然保持旺盛的精力，如果给予合适的机会，他们可以继续为社会做出很大贡献，老年人应该被视为人力资源中可贵的一部分。”②

池田先生提出，高龄人士的智慧与经验，是丰富现在和未来的宝贵财产。在行为层面，积极老龄化体现了“老有所为、老有所乐、老有所用、老有所就”（穆光宗，2006）。只要有正确的政策协调和引导，老年人不应该成为社会的问题和包袱，他们的经验、智慧和创造力是整个社会的宝贵财富，老龄问题与教育和就业问题应该拥有同等重要的地位。

池田先生认为，“面对社会急速高龄化的问题，日本需要以创意漫溢的气魄，来应付这个人类课题所构成的挑战”。在环境层面，积极老龄化也说明了老年不是人生的终结而是新的转折和开始，是生命和生活体验的新的发展期，老年人不仅是社会发展的受益者，也是未来社会发展的参与者。因此，国家需要为老年人的发展创造良好的社会环境。

因此，只有将老年人、家庭、社区、政府符合老龄化的态度和行为整合起来，才能有效激发人口老龄化对社会经济持续发展的促进作用，发挥正面效应。

（三）积极老龄化政策框架的三个支柱：健康、参与、保障

世界卫生组织提出的积极老龄化政策框架，已经超越了健康视野，把保障和参与一起看成是提高生活质量的决定性因素，认为健康的许多主要的决定性因素在健康系统之外。

积极老龄化政策框架的第一个支柱是健康。世界卫生组织认为，健康不仅仅是没有疾病，更是一种在身体上、精神上和社会适应能力方面的完好状态，即躯体健康和心理健康，包括精神和社会两个方面。对于人类来说，当人进入老年期，身体器官在老化，抵抗力下降，会更加迫切需要健康，健康是人类最宝贵的财富，没有健康就没有一切。世界卫生组织指

①世界卫生组织：《积极老龄化政策框架》，中国老龄协会，译，北京：华龄出版社，2003年。

②第二届世界老龄大会报道，2002年。

出：当慢性病和技能下降的风险因素（包括环境和行为）降低，而保障因素提高时，人们将享受时间更长、质量更高的生活。他们进入老年后仍能够保持健康和生活自理，较少的老年人需要昂贵的医疗和照料服务。对于那些确实需要照料的人，应该让他们享受全方位的健康和社会服务，以解决老年人的需要和权利。积极老龄化要求我们在人类衰老的过程中，通过主观努力提高老年人的健康水平。人口老龄化并不可怕，可怕的是不健康，给个人、家庭、社会乃至国家造成繁重的负担。一项对日本婴儿潮时期出生的一代人的调查显示，对未来感到不安的人，健康和负面的看护问题都是主要的不安因素，因此，池田大作先生认为，因看护年迈父母而承受着他人无法想象之苦的人的心声是那么的真切，能否为他们做出细致而有诚意的应对之策，正是政治的重大责任。

积极老龄化政策框架的第二个支柱是参与。池田大作先生认为，只要一心怀着急他人所需、为他人尽力的意念，人就可常保朝气，暖和身边之人的心。……燃尽一生，诚心地为社会带来光芒的人，在人生大成之期将绽放庄严的异彩。世界卫生组织提出，当劳务市场、就业、教育、卫生及社会政策和项目根据个人的基本人权、能力、需要和喜好支持老年人参与社会经济、文化和精神活动，人们在进入老年以后还可以通过收入性的和非收入性的活动为社会继续做出生产性的贡献。老年人从工作岗位上离开后，不应被动生活，消极“等死”，而应该面向现实，主动参与社会活动，积极生活。在不影响身体健康的前提下，老年人可以根据自己的能力、爱好以及需要和可能，继续参与社会经济活动，丰富晚年生活，继续融入主流社会，成为国家稳定发展的积极因素。

积极老龄化政策框架的第三个支柱是保障。在政策和项目解决人们在老龄化过程中的社会、经济、人身安全上的保障需要和权利的同时，保障老年人在不能维持和保护自己的情况下受到保护、照料和有尊严。支持家庭和社区通过各种努力照料其老年成员。向老年人提供保障，这是国家的社会政策，也是国家经济制度的重要组成部分，这里的保障，除了国家、社会、社区和家庭向老年人提供医疗、安全、供养等保障外，也包括保障老年人的基本权利和基本生活，提高其生命和生活质量。

积极老龄化取决于围绕个人、家庭和国家周围的种种决定性因素。老年人不是一个均一的群体，而是随着年龄的增长，个体差异加大，因此，世界卫生组织也强调应以生命全程观点来看待老龄化。

（四）积极老龄化的战略思考：发展、和谐、共享

在邬沧萍教授的《全面建成小康社会 积极应对人口老龄化》中提出了积极应对人口老龄化的战略思考的三点主张，即发展、和谐和分享。

老龄问题的本质是发展问题，这里的发展既包含国家经济的发展、社会发展、文化发展等方面，也包括老年人自身的发展。对于高龄老人如何在现今社会更好地生存，池田大作提出很关键的一点，就是学习，也即老年人自身的发展，“一生不忘却好学、进取之心”，通过学习更好地适应瞬息万变的现代社会，继续融入主流社会。

社会和谐则是应对老龄化挑战的重要保障。关于和谐的理念，在池田大作先生看来，和谐就是万物协调发展，保持整体的均衡。和谐的理念以人为核心，包含：人自身的和谐，也即人内在的和谐，就是人的修行、人的自身修养，包括人的理性、情感和意志的和谐。人内在和谐的实现，关键在于从善，引导人们修善积德，实现人的内在和谐。人与人的和谐，包括个人、家庭、国家、社会之间的和谐。池田大作引用佛典的话“为人点灯给他人照亮，也照亮了自己”阐释了人与人和谐的互惠双赢的核心。为他人实际也利于自己，利己主义实际上损害了自己的利益。成功的老龄化需要实现老年人自身的身心和谐、与他人的关系和谐、与社会的和谐以及与环境的和谐。世界卫生组织提出的积极老龄化主张中也内含着对家庭内外关系和谐的重视。

共享是实现积极老龄化的根本途径。1999 年国际老年人年和积极老龄化都提出建立一个“不分年龄，人人共享”的社会。联合国倡议的“共享”，是人类社会永恒的主题，为全世界的老年人带来了温馨和向往。“共享”就是老年人和其他年龄层次的人一起，共同享受社会发展的成果，同时也参与社会活动，为社会发展做出贡献。享受发展成果是老年人过去支付与积累的回收，是老年人的社会价值、社会奉献得到的回报；参与社会发展，即老人是宝贵的人才资源，使老人仍能为社会进步做出力所能及的贡献。诚如池田大作先生所说，但愿晚年能如承诺翌日亦是晴天的无限夕阳一般，灿烂尽显，光辉四射，向未来的世代送上希望的光明。……为了让人人最后皆能断言“人生多美好”而互相鼓励——这是高龄社会应朝往的方向。

结语

积极老龄化的思维一方面需要政府及社会改变传统观念，放弃将老年人看作一种社会负担的消极态度，充分认识到老年是作为人的整个生命历程的一个重要阶段，“观念的改变和人类意志的理论，塑造了今天的世界”（哈耶克，1998）。不是人生的终结，而是人生新的转折和开始，不是走下坡，而是生命的升华。诚如池田大作先生所说，造成人生富饶程度的天壤之别，只是微妙的一念之差。从老年人的生存需要，到老年人的发展需要，积极老龄化理念的阐述，为应对老龄化提供了新的思路，它改变了人们对老年人的看法，也改变着老年人自身。

在应对老龄化挑战时，社会要为老年人的发展创造有利环境，社区、志愿性团体和各种非营利组织协助为老年人提供机会，发挥其潜能和自主性，从而在参与的过程中实现健康发展、能力发展和价值发展。同时，积极老龄化也要求政府履行职责，保障老年人的安全和健康，为他们提供经济、生活条件的支持，为实现积极老龄化的目标做出制度性安排，才能够实现积极老龄化的目标——健康、参与和保障。最后，池田大作先生在肯定了国家政策重要性的同时，也认为，作为个体，作为高龄人，在这样一个人口老龄化时代，也应该主动思考生存之道，思考高龄社会的问题，不应只停留在政策层面上。它为我们制造了绝好的机会，让我们思考自己本身的生存之道。

美国诗人费罗写道：老，唯独外表不同，却拥有比年少更好的机会。池田大作先生则说：长寿社会要求的是协调而不是竞争，是宽裕而不是效率，是精神上的丰裕而不是物质上的富足；同时也不是希求他人为自己服务，而是思考自己能做什么，愿为他人尽绵薄之力。到任何年纪都要一面律己，一面探求自己的贡献之道。这就是“创造价值”的生活态度。

浅谈佛教的和平思想

——池田大作关于不轻菩萨之意义的现代性展开

松森秀幸①

池田大作先生有许多著作，内含丰富的思想。单就其和平思想而言（如从理论性考察到具体的政策提倡等），就包含了许多不同的角度，就此来看，对池田先生的和平思想进行系统性的论述，是非常困难的。本文拟以池田大作先生基于佛教观点而展开的思想内容为中心，尤其是关注池田先生对“不轻菩萨”的解释，来考察其和平思想。

不轻菩萨是在《法华经》中出现的菩萨，他将一切众生都视作未来的佛，予以尊敬，进而礼拜。池田先生在各种著作中，将不轻菩萨与非暴力的和平思想联系起来论述。笔者之所以在本文中关注不轻菩萨，是因为笔者认为借由不轻菩萨的讨论，可以看出池田先生和平思想的基础。

一、非暴力与生命尊严

在小说《新·人间革命》的开头，池田说，比之和平，再没有什么更加尊贵的了；较之和平，再没有什么更加幸福的了。在《人间革命》的开头，池田先生又说，比之战争，没有什么更残酷的了；比之战争，没有什么更悲惨的了。若将这两点联系起来考虑，可以看出，池田的思想在根本上存在着“战争之否定”和“和平之希求”这种相辅相成的思想。池田有关和平的发言很多，本文无法一一列举，单就其曾作之一段发言来讨论，

①松森秀幸，日本创价大学比较文化研究所，准教授，博士。

如下：

现在正是为实现真正的和平站起来而开始行动的时候。的确，现在有趋于和平的征兆。不过，没有战争并不是和平。勉强来说，和平的本质是人权的实现。在这个意义上，现在与和平之间还差得很远，更何况还存在严重的环境污染和未来局部战争的威胁。所以，如果我们不开始为实现和平而行动，就等于对我们自己的未来不负责任。我们放弃获得和培养和平的努力，也就等于我们对自己人性的放弃。(1991 年 4 月 15 日)①

池田所提出的和平，并不仅仅指没有战争的状态，还有为了实现和平就必须实现个人的人权，即实现生命的尊严。因此，他要求为实现和平而不断努力。

这种想法在他的其他著作中也可以看出。比如，在 2008 年出版的池田与哈佛大学神学部教授、基督新教神学家哈维·科克斯（Harvey Cox）的对谈集《二十一世纪的和平与宗教》中也可以看出与上述同样的思想。池田与科克斯在对谈中论及无论在何种困难下“绝不放弃理想、改变世界的人物”时，谈到圣雄甘地、马丁·路德·金恩、曼德拉等人。其中，科克斯指出“为了不发生憎恶或攻击，为了促进互惠、和平和互相了解，我们应该积极努力”。② 池田接着科克斯的发言进一步说：

佛教的真髓《法华经》中说一切生命皆是佛的当体。

《法华经》中有一个应作为修行规范的模式，那就是不轻菩萨。“我深深地尊敬你们，绝不会歧视或欺骗。因为你们都可以行菩萨道，必然可以成佛。”不轻菩萨如此说了之后礼拜众人。即使对方有言论的暴力、肢体的暴力，也贯彻礼拜行的非暴力之精神斗争。

甘地、金恩、曼德拉等人的人权斗争，对于信仰佛教的人而言，宛如不轻菩萨的形象。③

在这里，池田明确将《法华经》中不轻菩萨的礼拜行与甘地、金恩、

---

①［日］池田大作：《指向希望的明天》，东京：圣教新闻社，1995 年。

②［日］池田大作，［美］哈维·科克斯：《二十一世纪的和平与宗教》，台北：正因文化事业有限公司，2009 年，第 126 页。

③［日］池田大作，［美］哈维·科克斯：《二十一世纪的和平与宗教》，台北：正因文化事业有限公司，2009 年，第 126－127 页。

曼德拉的人权斗争联系起来讨论。其后，池田与科克斯指出，甘地、金恩、曼德拉等所使用的非暴力主义并不是胆怯的无抵抗主义，而是有勇气的行为，他们之间所共同的，就是人一定能改变的这种信念。最后池田根据这些讨论说：

我的小说《人间革命》所标榜的主题，是“一个人伟大的人间革命，不久，也能转换一个国家的宿命，进而能转换全人类的宿命。”《法华经》也说明了这个原理。

换言之，它教导我们，任何人的生命中都隐藏着无限的可能性，此生命的转变不只是改变自己，也改变一切环境。①

也就是说，在这里，池田主张相信人所持无限的可能性，就是将全人类引导至真正和平。如上所述，池田所说的和平，不仅仅只是没有战争的状态，也是确立生命尊严的状态。为了确立真正的和平，就要相信人的尊严而积极行动，而作为这种行动模式所关注的存在，就是在《法华经》中所说的不轻菩萨。

二、什么是不轻菩萨

那么，不轻菩萨是什么样的存在呢？首先，对《法华经》中所出现的不轻菩萨进行考察②。不轻菩萨也叫常不轻菩萨，在《法华经·常不轻菩萨品》第二十中出现③。《常不轻菩萨品》之前《法师功德品》第十九中

①［日］池田大作，［美］哈维·科克斯：《二十一世纪的和平与宗教》，台北：正因文化事业有限公司，2009年，第130页。

②关于常不轻菩萨与其接受史的研究，已有菅野博史：《〈法华经〉中常不轻菩萨的实践及其在中国和日本的接受情况》，载《世界宗教研究》2001年增刊（总第87期）第15－22页。本文参照了该文的相关论述。

③常不轻菩萨是鸠摩罗什根据《法华经》文脉的意译。关于这点，菅野博史指出“常不轻的意思是‘总是不轻视’，它与‘我深敬汝等，不敢轻慢’（鸠摩罗什译）这句话有着密切的关系”。有趣的是，梵文本中这位菩萨的名字是Sadaparibhuta（意思是时常被轻蔑）。竺法护同梵文本中一样译成“常被轻慢品”。这种意思同该菩萨被周围的人所轻蔑这一故事的旨趣是一致的。鸠摩罗什依据该菩萨向人所言“我深敬汝等，不敢轻慢”而译作常不轻。无论是汉译本还是梵文本，作为该菩萨名字的直接理由，可举“我深敬汝等，不敢轻慢”，因为从文章的脉络上来讲，称常不轻这个名字是妥当的”（16页）。

说了实现受持、读、诵、解说和书写《法华经》的五种修行的人所获得的六根清净功德。《常不轻菩萨品》讲了作为得到六根清净功德的常不轻菩萨的久远前的故事，这里根据鸠摩罗什翻译的《妙法莲华经》，简单地介绍常不轻菩萨的故事。这个故事的背景是在两万亿威音王佛轮换出现的过去，当最初出现的威音王佛进入涅槃后，其教法被废弃的时代。这也是增上慢比丘势力不断增长的时代。那时候有一个出家菩萨，叫常不轻。这位菩萨不歧视出家人和在家人，对于自己遇到的所有人都进行礼拜赞叹，说："我深敬汝等，不敢轻慢。所以者何，汝等皆行菩萨道，当得作佛。"

这位常不轻菩萨的礼拜行，是任何人只要实践菩萨的修行就必然能够成佛的思想，也可以说是一种未来成佛的预言。预言未来成佛的行为叫作"授记"，其实这样的行为是只有佛才能得到应许的。因此，人们对于不轻菩萨所作的授记感到非常愤怒，说："是无知比丘从何所来，自言我不轻汝，而与我等授记当得作佛。我等不用如是虚妄授记。"

他们有时以杖木击打常不轻菩萨，有时用瓦石砸他。但是，这位菩萨逃避之后会唱道："我不敢轻慢汝等，汝等皆当作佛。"一生实践的常不轻菩萨，临终之时从虚空中听到威音王佛所说《法华经》偈语，一听就立即获得六根清净的功德，而且寿命延长到二百万亿那由他，为大众讲说《法华经》。

以上就是常不轻菩萨的故事。相信所有人皆能未来成佛、把迫害自己的人也作为未来的佛赞叹这两点是常不轻菩萨实践的重要特征。

三、对不轻菩萨实践的历史理解

如上所述，虽然不轻菩萨的实践是非常独特的《法华经》思想，但是从历史的角度来看，不轻菩萨在中国和日本并不是一直被关注的。以下略述不轻菩萨在中国和日本被接受的例子。

一佛乘思想是《法华经》的中心思想之一。极端点来说，就是所有众生均可平等地成佛的思想。佛教有佛性思想，所谓佛性就是所有众生都具有能成佛的性质，这是在《涅槃经》中最初讲说的。《法华经》是初期大乘佛教经典，在印度形成《法华经》的阶段还没出现佛性的概念。但是在中国《法华经》流行之前，《涅槃经》的研究就已经很盛行了。因此，中国的《法华经疏》中存在着论证《法华经》也讲说佛性思想的倾向。净影寺慧远（523—592）、天台大师智顗（538—598）、嘉祥大师吉藏（549—623）等隋代三大法师都是将不轻菩萨的礼拜行与佛性关联起来解释的。在此意义上，不轻菩萨之存在历史上并不完全是被无视的。但是，隋代三大法师并非特别强调不轻菩萨，只是为了论证《法华经》在原理的层面上讲说佛性而论及不轻菩萨而已。①

在中国将不轻菩萨的礼拜行吸收到信仰实践的显著例子，就是三阶教的信行（540—594）。信行所创立的三阶教，由于其独特的教义和实践，形成了相当大的教团。其教团的势力，在信行去世之后也继续发展，但之后被隋文帝和唐玄宗视作邪教而被镇压。三阶教中有“普敬”“认恶”等一整套独特思想。“普敬”是普遍地尊敬一切佛、一切法、一切僧、一切众生的修行。“认恶”是严厉批判自己恶的修行。关于“普敬”，西本照真指出：

> 三阶教中引人注目的独特实践，是效法《法华经》的常不轻菩萨的实践的对人礼拜行。这是作为三阶教柱石的普敬思想在实践上的具体化。虽然在南北朝时期的佛教者中，《法华经》一贯受到推崇，但据传实践常不轻菩萨的对人礼拜行的，只有信行。这一实践，不仅作为三阶教与其他修行者不同的实践特征受到注目，而且因为与三阶教的中心思想直接关联，而益发显得重要。②

关于这一点，菅野博史也同样指出：

> 净影寺慧远、智顗、吉藏为了《法华经》跟《涅槃经》一样讲说佛性，只将常不轻菩萨的礼拜行当作讲说佛性的根据加以引用；相反，信行则将之积极纳入自己信仰实践的“普敬”之中，这一点是非常有趣的。③

就日本不轻菩萨的接受情况而言，虽然在中世之时可以看出庆政

①[日] 菅野博史：《〈法华经〉中常不轻菩萨的实践及其在中国和日本的接受情况》，载《世界宗教研究》2001年增刊（总第87期）第19－21页。

②[日] 西本照真：《三阶教之研究》，东京：春秋社，1998年，第47－48页。

③[日] 菅野博史：《〈法华经〉中常不轻菩萨的实践及其在中国和日本的接受情况》，载《世界宗教研究》2001年增刊（总第87期）第18页。

(1189—1268)[①] 与日莲（1222—1282）等不轻菩萨的接受实例，然而这些与中国的情况一样，基本上是作为在《法华经》中的佛性思想而被接受。现就近代不轻菩萨被接受的实例，对西田无学、宫泽贤治和户田城圣三人进行简单论述。

首先，西田无学（1850—1918）是现代日本法华系新宗教“灵友会”的源流之新宗教“佛所护念会”的创办人。他将法华经信仰与祖先崇拜结合起来而展开[②]。他的祖先崇拜思想是相信所有灵魂都有佛性，任何灵魂都不应轻视，而应一直尊重而礼拜。这其实就是在不轻菩萨的礼拜行的基础上所展开的。虽然西田将不轻菩萨的礼拜行与祖先崇拜关联起来接受，但是其思想是在与以前的佛性思想关联的理解之下所展开的。

其次，宫泽贤治（1896—1933）是日本著名的诗人、童话作家。他作为热忱的法华经信仰者也是很有名的。他的代表作品之一有《不畏风雨》。[③]这首诗是从“不畏雨/不畏风”开始的。其中所说的“东边有孩子生病/就去看护照顾/西边有母亲劳累/就去帮她扛起稻束……大家喊我傻瓜/不被赞美/也不受苦”，常常被指出是根据不轻菩萨的礼拜行之表现。

该作品是他在晚年所带的记事本中所写，因为他在该记事本中写了他的自省和愿望等内容，所以可以认为在《不畏风雨》中所出现的不轻菩萨的礼拜行之实践是他的理想人格的体现。宫泽贤治接受不轻菩萨的礼拜行的特征，在于其礼拜行不是与佛性思想的关联，是作为个人信仰的理想接受的。

最后，户田城圣（1900—1958）在第二次世界大战之后，作为创价学会第二任会长重建了创价学会。他是池田的老师。户田在重建战争中被镇压而崩溃的创价教育学会之时，把《法华经》的讲座作为其活动的中心之一。在此讲座和其他讲演中，户田讲说“二十四文字法华经”的人物时，经常论及不轻菩萨。关于“二十四文字法华经”思想，户田在 1950 年 5

①关于庆政对不轻菩萨的实践之接受，参见菅野博史：《〈法华经〉中常不轻菩萨的实践及其在中国和日本的接受情况》，载《世界宗教研究》2001 年增刊（总第 87 期）第 21 – 22 页。

②[日] 島薗進：《现代救济宗教论》，东京：青弓社，1992 年，第 97 页。

③关于这篇诗歌的中译，本文使用宫泽贤治：《不畏风雨》，程璧，译，北京：北京联合出版公司，2016 年。

月发表的《各种各样的法华经》一文中明确指出：

> 一般来说，学习了一点佛教的人们，认为讲说法华经的人只有释迦而已。但是，法华经中说常不轻菩萨、大通智胜佛等都讲说法华经，而且天台也讲说了法华经。……不轻菩萨的法华经是“我深敬汝等，不敢轻慢。所以者何，汝等皆行菩萨道，当得作佛”的二十四文字，释迦在世的法华经是包括一部八卷和开结二经的十卷《法华经》，天台的法华经是《摩诃止观》，日莲大圣人的法华经就是《妙法莲华经》的五文字。①

据户田说，“法华经”指的是佛教的真理，不仅仅指作为经典现存的《妙法莲华经》。所以，释尊的法华经是现存经典的《法华经》，天台智顗的法华经是他的著作《摩诃止观》，日莲则以“妙法莲华经”五字为法华经。户田将不轻菩萨在礼拜时说的“我深敬汝等，不敢轻慢。所以者何，汝等皆行菩萨道，当得作佛”这二十四文字明确规定为不轻菩萨所讲说的法华经。户田的特点在于作为佛教真理的体现者而关注不轻菩萨。

以上，就不轻菩萨的礼拜行实践在中国和日本的接受情况做了简单的论述。就其与池田思想的关联而言，当然可以认为池田受户田思想的巨大影响。但是从池田对不轻菩萨的礼拜行的想法中可以看出其与以往的接受例子不同的特点。所以，以下以池田关于《法华经》的讲义《法华经的智慧》为中心对其思想特征进行考察。

四、池田大作对不轻菩萨的思想展开

《法华经的智慧》是池田关于《法华经》的讲义。该书是池田与当时的创价学会教学部对谈而成的对谈式著作。本文就该书中对《常不轻菩萨品》的内容的解说及池田对不轻菩萨的理解的特征进行考察。《法华经的智慧》对《常不轻菩萨品》的解说分为两个部分：第一部分是《法华经·常不轻菩萨品》以及相关内容的解说；第二部分是对不轻菩萨实践的现代性解释。

该书在第一部分的开头就引用了日莲的“一代肝心是法华经，法华经

---

①[日] 户田城圣：《各种各样的法华经》，载《户田城圣全集》第三卷，东京：圣教新闻社，1983年，第31页（原文在1950年5月发表）。

修行之肝心在不轻品”①。池田就此解释说：“究竟佛法说了些什么？结论就是法华经，而具体的实践全在不轻品里。”② 池田是在不轻菩萨礼拜行的佛教修行和宗教实践的意义上，来解读和阐明《法华经》的经文。这里的问题在于，如何理解将不轻菩萨的礼拜行作为创价学会的教义。也就是说，如何作为宗教实践评价不轻菩萨的礼拜行。在此意义上所展开的内容是比较正统的。这里池田的理解，或许是吸收了户田的思想。

第二部分关注与不轻菩萨形成强烈对比的国家主义的问题，论述了创价学会初任会长牧口常三郎、第二任会长户田城圣的宗教运动本质上是抵抗国家主义的奋战。这种观点关于不轻菩萨的礼拜行，超越以往作为宗教实践的理解，提出了不管信仰的有无，更有现代性、普遍性的解释。

在此，池田首先将不轻菩萨遭受增上慢四众迫害，与户田城圣曾在狱中被打四次关联起来，作为与不轻菩萨形成强烈对比的存在，指出国家主义的“宗教”。

何谓国家主义？从根本来说就是“对武力的崇拜”，这与不轻菩萨形成强烈对比。③

池田所说的“国家主义”就是“权力主义”，而且是“先有国家后有民众”这种本末倒置的思想。池田还指出“国家主义自古以来被认为是种宗教”。关于国家主义的宗教，池田下了如下定义：

> 国家主义属于何种宗教？它是以人们的集体力量为信仰对象的一种崇拜集体力量、崇拜国家的宗教……在国家主义的宗教教义下，人终究只是国家的一部分，被当成手段、道具；人性尊严在国家的利益下践踏殆尽。④

由于“崇拜集体力量”，个人所不能做的恶行，就会变得无所谓。池田认为户田的宗教运动本质上是对于国家主义的颠倒是非的宗教教义的

①[日] 日莲：《新编日莲大圣人御书全集（创价学会版）》，台北：正因文化事业有限公司，2009 年，第 1222 页。

②[日] 池田大作：《法华经的智慧》第五册，创价学会，译，台北：正因文化事业有限公司，2003 年，第 105 页。

③[日] 池田大作：《法华经的智慧》第五册，创价学会，译，台北：正因文化事业有限公司，2003 年，第 121 页。

④[日] 池田大作：《法华经的智慧》第五册，创价学会，译，台北：正因文化事业有限公司，2003 年，第 122 页。

奋斗。

户田先生大声疾呼，唯有真正的宗教才能遏止战争等人间悲剧，才是建设人类永久乐园的原动力。需要保护的，是人。国家社会是为人而有的，不可本末倒置。国家优先的思想导致崇拜武力，演变成弱肉强食的社会，这与不轻菩萨关怀人们的做法背道而驰。庶民终究是受害者。所以，人们要识破，认清国家主义的本质。①

另外，池田认为首任会长牧口常三郎拒领神札奉拜也是拒绝崇拜国家的行为。在第二次世界大战时，日本的诸宗教追随或妥协军国主义的宗教统治政策，领神札。当时的日莲正宗也有这样的情况，宗门内存在形式上可以领神札的意见。然而，牧口拒领神札奉拜，结果他以违反治安维持法以及不敬罪的罪名被捕下狱。与此相关的是，池田将牧口和户田与不轻菩萨结合起来说：

牧口先生与户田先生的奋战，都是为了把人民从沦为国家主义的奴隶中救出。每个人都拥有幸福、自由生活的权利，没有人是国家机器的零件或齿轮。两位恩师因为坚持此信念，才会遭受国家主义的迫害，实为不轻的行动。②

而且，池田指出，这些体现不轻菩萨精神的行为，不仅在牧口和户田的宗教运动里能看到，而且在甘地和金恩等的人权奋斗里也一样可以看出。

拥有庞大势力的四众，欺侮、迫害手无寸铁的不轻菩萨。面对四众的势力与傲慢，不轻菩萨则以“精神”来夺战。以非暴力对抗暴力，以“一人”之觉醒与“多数”的暴虐对抗。这种奋战令人想起印度的甘地与美国金恩博士的奋斗，是一场由民众掀起的人权运动。③

如此可见，池田所提出的对不轻菩萨的礼拜行的新解释，是和以前的不轻菩萨的礼拜行的解释完全不同的理解。池田接受了户田将不轻菩萨礼拜行作为宗教实践的观点的一方面，进一步从现代性的角度来考察，提出

①[日] 池田大作：《法华经的智慧》第五册，创价学会，译，台北：正因文化事业有限公司，2003 年，第 124 页。

②[日] 池田大作：《法华经的智慧》第五册，创价学会，译，台北：正因文化事业有限公司，2003 年，第 126 页。

③[日] 池田大作：《法华经的智慧》第五册，创价学会，译，台北：正因文化事业有限公司，2003 年，第 127 页。

了关于不轻菩萨礼拜行的新意义。这意味着池田所面对的思想课题不是以扩大宗派势力为目的，而在于实现全人类的幸福。

最后，作为其证据，引用池田对《常不轻菩萨品》的讲义之结论部分。

要完成广布，就需要自觉使命的人，勇于一人立起，钢铁钢铁般的民众团结前进。除此之外，别无他法。

本章一开始，我又说到樱花曾被国家主义利用，拿来作为颠倒思想的工具，造成成千上万的宝贵人民凋零的惨剧。牧口先生、户田先生厉声制止这种暴虐行为，他们才是最崇高的爱国者。最后，牧口先生为了民众的宗教法华经殉教之举，并非为国家，而是为了民众，我们必须正视这段历史。

如今正是我们奋不顾身遏制新的国家主义、权力主义蠢动的时候，也唯有如此才是身读“不轻品”①。

结语

本文对池田先生的和平思想进行了简单的考察。得出如下结论：

（1）池田所提出的和平，不仅仅指没有战争的状态，而且是为实现和平就必须要实现个人的人权，即实现生命的尊严。

（2）池田主张，相信人所持无限的可能性，就是将全人类引导至真正的和平，其模范模式就是不轻菩萨。

（3）关于不轻菩萨的礼拜行接受情况，历史上存在许多实例，如三阶教的信行、西田无学、宫泽贤治、户田城圣等等。池田吸收了以往的思想，提出了更有现代性、普遍性的解释。

①［日］池田大作：《法华经的智慧》第五册，创价学会，译，台北：正因文化事业有限公司，2003年，第130－131页。

池田大作和平思想及其对国际关系的影响

汪鸿祥①

习近平主席在2017年新年贺词中指出，当前，战乱和贫困依然困扰着部分国家和地区，疾病和灾害也时时侵袭着众多的人们。我真诚希望，国际社会携起手来，秉持人类命运共同体的理念，把我们这个星球建设得更加和平、更加繁荣。实现世界和平是人类的美好理想，也是人类的奋斗目标。东西方许多伟大的思想家都在关注和平问题并提出了各种和平主张。

池田大作是国际著名的和平人士，历来主张和平，长期致力于和平事业，不断与世界各国人士进行广泛的和平友好交流。由于他对国际和平事业的杰出贡献，得到了国际社会的高度评价，获得了联合国和平奖等许多勋章。池田大作和平思想和行动对实现世界和平具有重要的启迪，探讨池田大作和平思想和行动有助于世界和平的构建。本文首先考察池田大作和平思想的形成及其核心内容，其次考察池田大作和平对话及其对国际关系的实际影响，进而探讨池田大作和平思想对构建世界和平的启迪意义。②

---

①汪鸿祥，日本创价大学世界语言中心教授。

②[日] 池田大作思想研究在中国方兴未艾。北京大学、复旦大学等30多所大学成立了池田大作研究机构。2005年在北京大学，2006年在华中师范大学，2007年在湖南师范大学，2008年在北京师范大学，2009年在辽宁师范大学，2010年在中山大学，2012年在上海师范大学，2014年在陕西师范大学，2016年在南开大学先后召开了大型"池田大作思想国际学术研讨会"。历届研讨会的重要论题之一就是池田大作和平思想。

一、以人为本的和平思想

池田大作在其名著《新·人间革命》的卷首，写了一段震撼人心的名言："没有比和平更珍贵的，没有比和平更幸福的，只有和平才是人类进步的根本的第一步。"① 池田大作的大量论著中，和平问题的内容最为丰富，和平问题的论述最受瞩目。

（一）池田大作和平思想的形成

池田大作和平思想的形成有其客观和主观多方面的原因。

一是战争的教训。池田大作的少年、青年时代，正是日本从侵华战争走向太平洋战争，最终战败的时期。池田大作的四个哥哥被送上战场，大哥死于缅甸战场。池田大作从父兄处了解到日本军队在中国等亚洲国家的野蛮行径，深感战争的残酷。池田大作亲身体验了战争的苦难和悲惨，因此特别憎恨战争，强烈向往和平。池田大作在其名著《人间革命》的卷首指出"没有比战争更残酷的，没有比战争更悲惨的，然而，这种战争还在继续"②。战争的残酷使池田大作懂得和平的重要，萌生了对和平的热望，战争期间的实际感受成为池田大作和平思想形成的基点。

二是佛教的指引。在"二战"后的新形势下，青年时期的池田大作积极追求人生的真谛，在思考和探索中寻到了佛教之光。池田大作指出，自古以来，佛教具有和平的形象，最大的理由就在于摒弃暴力，彻底重视对话。池田大作认为佛教是和平之源，指出："只有从理论上和实践上认识和深化，完美地说明了这种生命法则的佛法，才能彻底维护地球和宇宙的和平。"③ 佛教哲学成为池田大作和平思想的重要理论基础。

三是恩师的影响。创价学会第一任会长牧口常三郎和第二任会长户田城圣都因反战而被捕入狱，牧口常三郎死于狱中，战后户田城圣出狱后积极开展了创价学会的重建和传授活动。1947 年池田大作与户田城圣相识

①［日］池田大作：《新·人间革命》第 1 卷，东京：圣教新闻社，1998 年，第 11 页。

②［日］池田大作：《人间革命》第 1 卷，东京：圣教新闻社，1965 年，第 3 页。

③［日］池田大作：《佛法与宇宙》，北京：经济日报出版社，1997 年，第 63 页。

后，就以户田城圣为师，在“户田大学”学了佛教哲学以及政治、经济、历史、文化、生命、宇宙等大量的学问。尤其是户田城圣的生命论以及地球民族主义、废除核武器等一系列主张对池田大作和平思想产生了重大影响。池田大作和平思想是在继承户田城圣和平论基础上的理论创新。①

四是人类优秀文化的继承。池田大作对中国的孔墨学说等很有研究，不仅重视孔子的“仁者爱人”思想，而且赞赏墨子的“兼爱非攻”思想。② 池田大作对西方思想史上的和平理论也很有研究，对苏格拉底探究真理的对话方式大加称赞，赞扬苏格拉底是“哲学史上伟大的实践家”，他对康德的《永久和平论》也做了深入阐述。东西方思想家的思想学说也是池田大作和平思想的一个重要来源。

五是自身不断探索的结果。1960 年池田大作就任创价学会第三任会长后，不仅注重和平理论钻研，而且强调和平行动，将佛教和平思想传播到世界 190 多个国家和地区的数亿民众之中，同时又从广泛的民间交流之中吸取新的思想营养。在追求和平、宣传和平、实践和平的过程中，逐步形成了具有池田大作特色的和平思想。池田大作对和平理论的不断钻研和对和平目标的不懈追求，是其和平思想形成的主观原因。

（二）池田大作和平思想的核心内容

池田大作认为，和平不仅是无战争状态的消极的和平，而且是包括消除贫困饥饿、人权抑制、环境破坏等的积极的和平。池田大作和平思想不只是为了防止战争，而是为了变革国际社会结构的内容丰富的积极的和平理论。池田大作和平思想以佛教哲学为基础，核心内容有以下几点。③

首先是生命尊严思想。和平之所以重要，是因为一切生命都是至高无上的尊贵的存在。所谓和平，是一切生命的尊严性得到保障的状态，因而和平思想的根本就是生命尊严的思想。换言之，没有生命尊严的思想为基

①[日] 池田大作与户田城圣的相遇，对池田大作的人生产生了重要影响。参见《人间革命》第 2 卷，日文版，东京：圣教新闻社，1966 年。

②华中师范大学池田大作研究所，日本创价大学：《中外学者论池田大作：和谐社会与和谐世界》，武汉：华中师范大学出版社，2007 年，第 223 – 238 页。

③[日] 高村忠成：《池田先生和平思想的形成与结构》，东京：创价大学函授教育学院，2005 年，第142 – 147 页。

础，一切和平思想都是空虚之物。池田大作指出，生命的尊严是普遍的、绝对的基准，生命的尊严没有等价物，是任何东西都难以替换的。池田大作和平思想的根本在于佛教的生命论，这是把一切生命都看作至尊的生命尊严的佛教哲学。尊重生命意味着必须保护人权，每个人生来就有不可侵犯的人权，这是近代国际社会的一个基本原则。和平与人权密切相关，保护人权就是保护和平，无视人权就是无视和平。池田大作将21世纪称为“人权的世纪”，在池田大作和平思想中充满了尊重人权的理念。尊重生命还意味着必须保障人的自我价值的实现。如以身份、信仰、国籍、政治、经济等各种理由阻挠人的自我价值实现，就谈不上尊重生命。实现人的自我价值就是实现和平。池田大作和平思想中十分重视人的自我价值的实现。①

其次是非暴力思想。暴力的行使就是杀伤生命，就是损害生命的尊严。和平不只是无战争的状态，而是意味着非暴力状态的确立。作为池田大作和平思想根基的佛教哲学，在强调生命尊严的同时，还强调不杀生的理念，不杀生就意味着非暴力。池田大作强调“灭掉杀心至关重要”，必须在全人类每个人的心中确立不杀生的观念。暴力可以分为两类，一类是“直接的暴力”，包括战争和恐怖活动；另一类是“结构性的暴力”，包括贫困饥饿、人权抑制、环境破坏等。池田大作指出：“和平的反义词是暴力。和平是通过与包括战争的各种暴力，即贫困、饥饿、环境破坏、人权抑制等的斗争，通过根绝一切暴力才能实现。”② 暴力是和平的死敌，只有根除所有的暴力，才能实现真正的和平。为了根除暴力，池田大作提倡积极入世精神，反对消极遁世态度；提倡和平中道主义，反对以暴易暴主张。非暴力思想要求国际社会在解决国际争端、地区冲突和热点问题时，不能使用暴力手段，必须使用和平方式。池田大作与印度的甘地和美国的马丁·路德·金恩一起被誉为世界非暴力思想的代表，受到国际和平人士的赞扬和世界人民的尊敬。

再次是共生思想。佛教的因果论和依正不二论是共生思想的基础。共生思想可从时间和空间两个方面加以理解。从时间的角度来看，共生思想

---

①[日] 石神丰：《生命论的新发展与伦理》，创价大学函授教育学院，2005年，第3-32页。

②[日] 池田大作：《池田大作全集》第2卷，东京：圣教新闻社，1999年，第24页。

重视因果关系（即原因和结果之间的内在关系），重视过去、现在、未来的纵向关系，所以和平应是永恒持续的存在。过去的和平耕耘给现在带来和平的收获；现在播下和平的种子，将来就能结成和平的硕果。从空间的角度来看，共生思想重视依正不二的关系（即主体和客体的内在关系），重视人与人和人与环境的横向关系，所以和平应是无所不在的存在。池田大作从依正不二论出发，一贯提倡一切人种、民族、宗教、国家间的相互交流、相互理解、相互尊重的重要性。所谓和平，说到底其根本在于人与人、民族与民族、宗教与宗教、国家与国家之间的交流和理解，这种交流和理解就是构建和平。池田大作还根据依正不二论，一贯提倡人与环境的一体性。人与环境互为一体，环境的破坏就是人的破坏，就是生命的破坏。保护环境就是保护生命，就是保护和平。因此池田大作呼吁保护环境、爱护环境。人与环境的共生也是池田大作和平思想的重要内容。①

作为池田大作和平思想的核心内容，生命尊严、非暴力和共生这三者之间存在着内在的必然联系。池田大作和平思想的核心内容实际上是与一个根本点密切相连的，这就是“人”的存在。池田大作和平思想重视“人”的存在，强调“人”的作用，积极提倡人与人的对话和交流，积极进行立足于人的文化和教育活动。可以说池田大作和平思想是与池田大作人间主义思想密切相连的。如果说池田大作人间论是池田大作和平论的重要基础，那么可以说池田大作和平论是池田大作人间论的重要表现。池田大作和平思想实际上就是追求三个层次的和谐。一是人的内在的和谐，包括人的理性、情感、意志的和谐。二是人与人之间的和谐，包括个人、家庭、民族、国家、区域之间的和谐。三是人与自然的和谐，包括人与地球生态系统以至宇宙生态系统的和谐，以及各种物种之间的和谐。这三种和谐是内在关联、缺一不可的。池田大作提倡的和平具有绝对性、积极性、彻底性的特征，受到国际社会的高度评价。

二、身体力行的和平行动

池田大作和平思想的一个重要特征是具有鲜明的“实践性”。池田大

①[日] 池田大作，[英] 汤因比：《展望21世纪——汤因比与池田大作对话录》，北京：国际文化出版公司，1985年，第12页。

作不是把和平思想当作空洞的理论，而是把和平思想化作具体的行动，其和平思想在其和平对话的行动中得到充分体现。从20世纪60年代起，池田大作访问了54个国家和地区，与世界各国首脑和有识人士进行了近1700次对话，他的和平对话超越了不同的宗教，遍及佛教文化圈、基督教文化圈和伊斯兰教文化圈；冲破了不同的意识形态和政治制度的壁垒，遍及资本主义国家和社会主义国家。池田大作和平对话推动了国际社会和平和合作潮流的发展，对国际关系的变化产生了积极影响。

（一）池田大作和平对话与美苏关系的变化及“冷战”的结束

“二战”后美苏之间以及东西方阵营，因建立战后秩序等重大问题，双方沿着势力范围的分界线进行了政治、军事、经济、文化、心理等全面较量。“冷战”带有意识形态和社会制度的尖锐对立、军备竞赛不断加剧的特征，在世界范围内增加了紧张的气氛。

池田大作为了打破“冷战”的格局，在美苏之间开始了和平对话之行。1974年9月访问苏联，与柯西金总理进行了对话。1975年1月访问美国，与基辛格国务卿进行了对话。池田大作在与美苏首脑的对话中呼吁早日召开美苏首脑会谈，尽快结束“冷战”。1981年5月，池田大作第3次访问苏联，与当时的总理吉洪诺夫会见时，呼吁苏联首脑离开莫斯科，选择瑞士等合适地点，与美国总统进行彻底的对话。1986年池田大作对基辛格说：“我通过多次提言，希望美苏首脑会谈早日召开。对世界和平负有重大责任的美苏最高首脑，首先要排除万难进行会谈，而且要反复进行对话，我确信由此将会产生打开僵局的大胆构想和行动。”① 从1974年池田大作开始美苏之间的和平对话起，经过长达15年的努力，1989年美苏首脑马耳他会谈宣告结束“冷战”。1990年柏林墙倒塌，1991年苏联解体，“冷战”终于结束。戈尔巴乔夫对池田大作在结束“冷战”中的作用给予高度的评价：“通过您亲身的和平之行，证明了即使在铁幕之下也可能进行和平对话和民间外交。”② “冷战”的结束，是当代国际关系中具有划时代意义的重大转折，是世界和平力量推动的结果，也是池田大作在美苏之间进行和平对话的结果。

①②［日］池田大作：《池田大作全集》第102卷，东京：圣教新闻社，2003年，第217页。

（二）池田大作和平对话与中美和解及中美建交

20世纪50年代到60年代，中美处于严重对抗的状态。50年代，中国“抗美援朝”，在朝鲜战场与美国直接交锋。60年代，中国支持印度支那人民的抗美行动，在印度支那与美国进行了长期较量。60年代末，中国领导层根据国际形势的变化，探讨改善中美关系，中美关系发生了新的变化。1969年尼克松就任美国总统后，调整世界战略，谋求改善中美关系。

在中美关系变化的过程中，池田大作积极呼吁中美实现关系正常化，在中美之间进行了不懈的努力，推动了中美和解的进程。1970年1月中美恢复大使级会谈，此后中美通过巴基斯坦渠道和罗马尼亚渠道保持接触。1971年春，中国邀请美国乒乓球代表团访华，展开“乒乓外交”。同年4月发表的1970年末毛泽东与美国记者斯诺的谈话，披露了毛泽东主席欢迎尼克松访华的意向。7月基辛格秘密访华，中美发表公告，震撼了世界。1972年2月尼克松访华，中美签署了《上海公报》（全称《中华人民共和国和美利坚合众国联合公报》），向全世界宣告中美和解，谱写了中美关系的新篇章。但是此后中美关系正常化进程经历了近7年的岁月。中国提出美国在台湾问题上“断交、废约、撤军”三原则，在美国福特政府时期没被采纳。在中美关系正常化进程出现困难的时刻，池田大作为了促进中美关系正常化的早日实现，展开了新的对话行动。1978年8月，池田大作会见美国驻日大使曼斯菲尔德，就早日实现中美关系正常化交换了意见。9月池田大作访华，在与李先念会见时谈到了实现中美关系正常化的问题①。此后，中美关系正常化的步伐加快，1978年12月16日，中美发表《中美建交公报》，宣布从1979年1月1日起中美正式建立外交关系。中美和解及建交不仅在中美关系中具有重要意义，而且对国际关系产生了深刻影响，是中美两国努力的结果，也是池田大作在中美之间展开和平对话的结果。

①［日］池田大作：《池田大作全集》第105卷，东京：圣教新闻社，2004年，第200页。

（三）池田大作和平对话与中苏关系的改善及正常化

从20世纪50年代后半期起，中苏关系急剧恶化，从同盟走向对立。60年代，苏联在中苏边境驻兵百万，加大了对中国的威胁。1969年3月苏军入侵中国珍宝岛，中苏边境发生了武力冲突。70年代，苏联入侵阿富汗，同时支持越南入侵柬埔寨和反华，从北、南、西三个方向对中国构成威胁，中苏关系出现了前所未有的严重对抗的状态。

在中苏对抗的形势下，池田大作为了中苏关系的改善，开始了中苏两国的和平对话之行。1974年9月访问苏联，在与柯西金会谈时，池田尖锐地提问："苏联打算进攻中国吗?"柯西金明确回答："绝不进攻。"池田大作又问："可以将此话如实转告中国首脑吗?"柯西金回答："可以。"12月池田大作访华时，与周恩来、邓小平进行了会谈，并将上述重要信息转告给中国最高领导层①。池田大作与中苏领导人的对话，促进了中苏的了解，促进中苏关系走向和解。20世纪80年代初中国进行外交大调整，谋求中苏关系正常化。1982年到1988年，中苏举行了12次副部长级会谈。1986年戈尔巴乔夫在海参崴发表演说，表明了促进中苏关系正常化的愿望，此后中苏谈判进程加快。池田大作当时就指出："中苏关系的改善不仅给两国，而且给周边各国带来了缓和的波动，给整个和平带来了建设性的影响。"② 1989年5月，戈尔巴乔夫访华，与邓小平进行了历史性会谈，中苏联合公报宣告了中苏关系正常化，这是中苏关系中具有历史意义的重大转折，是中苏两国努力的结果，也是池田大作在中苏之间展开和平对话的结果。

（四）池田大作和平对话与中日邦交正常化和中日友好的发展

"二战"后日本追随美国，于1952年与国民党台湾当局签订了和平条约。到1972年，止中日两国关系长期处于不正常的状态。1952年起中日开始民间贸易和文化交流，60年代中日发展了经济贸易关系，中日之间形成了一种半官半民的联系。但是1964年成立的佐藤荣作内阁推行亲美反华政策，阻碍了中日关系的发展。1966年开始的"文化大革命"，也对中日

①《圣教新闻》（日本），2007年8月30日。

②《圣教新闻》（日本），2007年8月1日。

关系的发展产生了不利影响。

在中日关系的困难时期，1968年9月8日池田大作发表了著名的“中日邦交正常化倡言”，明确提出：第一，正式承认中华人民共和国，实现中日关系正常化；第二，恢复中国在联合国的合法地位；第三，发展中日两国的经济文化交流。此倡言成为中日关系正常化的强大牵引力。1972年9月29日中日两国签订《中日联合声明》（全称《中华人民共和国政府和日本国政府联合声明》），宣布中日邦交正常化。这是近代以来中日关系史上划时代的重大转折，是中日共同努力的结果。池田大作及其创建的公明党为此发挥了重要作用，堪称中日邦交正常化的“掘井人”。中日邦交正常化实现后，池田大作继续展开中日对话，十次访华，受到了周恩来、邓小平、江泽民、胡锦涛等中国领导人的接见。通过1974年12月与周恩来的会见，池田大作把周恩来衷心祈望的中日世代友好，作为自己一生的神圣使命，积极推进中日友好。20世纪90年代中期以来，中日关系进入了结构变动时期。中日之间围绕着历史、领土、经济以及安全等问题发生各种摩擦，产生了深刻不信①。在中日关系结构变动中，1997年以来池田大作由于高龄没再访问中国，但他一直关心中国发展，始终坚持中日友好方向，积极推进中日两国之间的文化交流和教育交流，重视中日民间交流和青年交流，为中日关系的发展做出了重大贡献。

三、与时俱进的和平指南

池田大作和平思想的另一个特征是具有鲜明的“积极性”。池田大作和平思想不是固定不变的，而是与时俱进的。池田大作顺应时代的变化，不仅对和平思想的核心内容作了精辟的论述，还对如何创造和平、如何构建和平提出了一系列具体主张。池田大作在每年1月26日“SGI纪念日”（国际创价学会纪念日）发表的“纪念倡言”以及各种对话和演讲中，对实现和平的途径和方法等进行了大量具体论述，成为与时俱进的和平指南。具有“生的活力”的池田大作和平思想对于当今世界和平的构建具有重要的意义。

①汪鸿祥，等：《変貌する現代中国》日文版，日本白帝社，2004年，第66－90页。

（一）通向世界和平的途径

当今世界很不安定。影响世界和平的主要障碍有：第一，“冷战思维”“零和概念”“均势理论”等旧的观念意识依然存在。第二，以霸权主义和强权政治为代表的旧的国际秩序尚未完全崩溃。第三，全球经济失衡，南北差距拉大，贫富差距突出。第四，局部冲突和热点问题此起彼伏，宗教的纠纷和文化的冲突相互交织。第五，传统安全威胁和非传统安全威胁错综复杂。众多的不安定因素都对构建世界和平产生消极影响，都与世界和平的目标背道而驰。为了世界和平的构建，必须摒弃旧的意识，确立新的理念；必须改革旧的体制，建立新的秩序；必须消除各种不安定因素，促进和平因素的增长。①

池田大作认为，为了实现和平必须使用和平的手段，这种和平手段可以概括为对话、交流、合作。首先，池田大作非常重视对话，指出：“对话，无论是个人层次还是国家层次，都是给社会带来和平与安定的‘王道’。”② 池田大作重视对话的渊源来自于佛教。日莲的重要著作《立正安国论》就是通过主人与客人之间的对话展开论述。通过对话可以打破壁垒，促进沟通；消除不信，促进理解；化解隔阂，促进融合。因此对话是通向世界和平的大道。其次，池田大作非常重视交流，特别是教育交流和文化交流。池田大作和平思想中教育具有重要位置，他特别强调和平教育、人权教育和环境教育，认为这种教育及其交流是和平的重要条件。池田大作和平思想中文化的交流也具有重要意义，通过交流，促进各种文化的相互理解、相互借鉴。承认文化多元，促进文化创造。他认为这种文化交流是世界和平的重要基础。再次，池田大作非常重视合作，对以联合国为中心的国际合作、区域合作、国家间的合作等都进行了深刻的阐述。通过合作，可以促进相互信赖、相互渗透。合作的范围越广、程度越深，越有利于世界和平，合作是通向世界和平的桥梁。

①2006 年 10 月，全国高校国际政治研究会举办了“全球化与和谐世界”论坛，与会学者对世界和谐问题展开了广泛的研讨。参见《全球化与和谐世界》，北京：世界知识出版社，2007 年。

②[日] 池田大作：《池田大作全集》第 102 卷，东京：圣教新闻社，2003 年，第 317 页。

（二）构建世界和平的重要课题

弘扬池田大作和平思想，对世界和平的构建具有重要的意义。笔者根据池田大作的有关论述，从国际关系的角度对构建世界和平的重要课题提出了以下几点建议。

第一，增强民众的和平意识，树立人类命运共同体理念是构建世界和平的基础。在现代社会，民众的和平意识可能影响国家领导人的意识和决策，池田大作十分重视民众和平意识的形成。为了增强民众的和平意识，必须积极开展和平的启蒙、和平的教育、和平的文化传播。当今国际社会一个可喜的现象是全球市民社会的崛起，现在全球民间社团多达数万个，这种全球民间社团是多元的，主要由非政府组织、公民运动和全球公民网络所构成。全球民间社团通过会议、论坛、倡言、声明等各种手段，在和平、发展、环境、人权等各个领域，展开广泛对话与合作，对有关国家的决策和有关国际组织的决议产生了重要影响，在国际和平与合作中发挥着重要作用。必须增强世界各国人民的和平意识，树立人类命运共同体理念并推动全球市民社会的健康发展。

第二，强化联合国等国际组织的作用是构建世界和平的保障。国际社会存在各种类型的国际组织，既有普遍性的，也有专门性的和区域性的。特别是联合国作为囊括全世界几乎所有国家的最大国际组织，在政治、安全、经济、社会发展、科学技术、文化教育、人权保护等各领域发挥了重要作用。池田大作高度评价联合国的作用，重视联合国的存在，强调联合国的重要性，他断言，为了构建新的世界秩序，必须以联合国为中心。池田大作主张加强联合国作为“人类议会”的作用，指出，作为互相讨论场所的‘人类议会’存在的本身，就具有不可估量的意义。强调了联合国作为“人类议会”在全球合作中的作用。池田大作还重视联合国软实力的作用以及在“人的安全保障”方面的作用①。联合国大会是最大规模的国际合作形式，联合国各种专门机构在各个领域进行了广泛的专门性合作，联合国在各种区域的和平与合作中也发挥了重要作用。联合国维和行动为促进国际和平安全做出了积极贡献。必须强化联合国等国际组织的作用，维

①[日] 池田大作：《池田大作全集》第105卷，东京：圣教新闻社，2004年，第538页。

护以联合国宪章宗旨和原则为核心的国际秩序和国际体系。

第三，促进大国的合作是构建世界和平的关键。当代大国关系变得错综复杂，从过去盟友或敌人的单一状态转向利益交汇的复合状态。大国间的敌对状态不复存在，合作机制正在发展。首先表现在联合国安理会五大常任理事国的合作上。“冷战”时期安理会是五大国争斗的场所，现在状况有了改变，在和平与安全的重大问题上，五大国经常协商，力求妥协，共同解决问题。七国首脑会议也是大国合作机制的表现。1980 年代以来会议的主旨从经济领域逐步扩大到政治与安全领域，深入对话，协调步伐，形成政策取向。七国首脑会议还邀请中国、印度、巴西、南非等发展中大国参会，就共同关心的问题交换意见，增强了这一大国合作机制的影响力。中、美、俄、日等大国之间的各种双边合作也在发展。大国之间存在既摩擦又协调，既竞争又合作的关系，必须改善和发展大国合作的机制。

第四，推进区域合作是构建世界和平的重点。“冷战”以后，区域合作机制的发展尤为明显。两极格局的崩溃扩大了区域合作解决区域问题的自主性；区域冲突的频繁发生增加了区域合作解决区域问题的紧迫性。欧盟是欧洲各种力量广泛参与合作的区域治理体系，超国家的、国家间的、次国家间的三种合作方式在欧盟的政治、经济、社会各个领域的机制运行中并存，形成一种多层合作治理体系。尽管英国退出欧盟产生了一定的负面影响，但是欧盟展开区域合作的意义依然不可轻视。东亚在国际政治经济中的地位日益提高，东亚区域合作引人注目。池田大作肯定东亚的崛起并提出了建立东亚“多层次的合作机制”。1997 年亚洲金融危机后东亚各国加强了合作，同年 12 月举行了首届东盟 10 国和中、日、韩 3 国（10 + 3）首脑会议。尽管东亚国家之间存在各种矛盾，但是东亚各国合作特别是经济领域合作取得了重大进展，必须进一步推进世界各个区域的合作。

结语

综上所述，池田大作和平思想不只是为了防止战争，而是为了变革国际社会结构的、内容丰富的、积极的和平理论。池田大作不是把和平思想当作空洞的理论，而是把和平思想化作具体的行动。池田大作顺应时代的变化，不仅对和平思想的核心内容作了精辟的论述，还对如何创造和平、如何构建和平提出了一系列具体主张。池田大作和平思想对构建世界和平具有重大且积极的意义。

习近平主席在“一带一路”高峰论坛开幕式主旨演讲中提出要将“一带一路”建成“和平之路”，强调了实现世界和平的重要性。当今世界格局正在发生深刻变化。和平与发展已经成为时代主题，但是世界仍然很不太平，战争的达摩克利斯之剑依然悬在人类头上。任凭国际风云变幻，必须坚持和平方向！为了和平，要树立人类命运共同体理念，增强民众的和平意识，维护以联合国宪章宗旨和原则为核心的国际秩序和国际体系，促进大国合作与区域合作，积极构建以合作共赢为核心的新型国际关系，推进世界和平与发展。

池田大作话语体系的“和平”概念与行动维度

温宪元[1]

和平是人类永恒的追求。虽然人类一直在努力探索如何消解冲突、实现和解、缔造和平，但却始终无法改变理想与现实之间所存在的事实差距。在追求和平的历史进程中，池田大作及其创价学会的宗教和平运动作为一种重要的民间外交力量成为消弭不同文明之间的分歧、化解冲突和缔造和平与稳定的重要形式，并取得了有目共睹的成绩。实践证明，池田大作的和平理念通过民间外交与宗教结合，已经成为推动世界和平事业发展的福音。

一、池田大作“和平”概念的叙事话语[2]

“和平”是什么？查阅资料可以从中认识到不同文化赋予了“和平”概念种种细微的差别，也能够从各种语言里表现“和平”的词语中获得一些感悟。

Pax——拉丁语：一个协定，其中暗含契约的因素。“罗马式和平、美国式和平”（Pax Romana/Americana）通常指的是通过一个支配性霸权强制推行的秩序以解除战争威胁。

Sala'm——阿拉伯语：与正义、秩序、遵循真主正确指引相连的和平。

---

①温宪元，广东省社会科学院研究员，广东池田大作研究会副会长。

②所谓叙事，就是如何将了解（knowing）的东西转换成可讲述（telling）的东西，由此形成的叙事话语，与其被当作一种再现的形式，不如被视为一种谈论（无论是实在的还是虚构的）的方式。

Shalom——希伯来语：统一、完整、和谐的涵义——合而不同。除了消除战争外还包括所有创造性的人类力量不断增长的观念。

Shanti——梵文：从容镇静，无念，梵我不二，无相，自我修行。

Heping——中文：内外和谐；稳定有序。在汉语词语里“和平”通常指没有战争或没有其他敌视暴力行为的状态。①

许多和平研究的文本探讨的就是由种种理解所引发的争议。在分析与探究和平、暴力、和解与正义这些核心概念的过程中，我们将看到有关这些术语的含义并没有一致的定论，不同的定义倾向于反映对和平研究课题的不同理解，但肯定的是，“和平”是可以在多方面、多领域展开研究的，比如在哲学、政治学、诗学、语言学和社会学等领域展开研究探讨。而“和平”当然不仅仅是消除战争。池田大作认为，实现和平同样也意味着消除饥饿、贫困、暴力、对人权的威胁、难民问题、全球环境污染，以及许多其他对和平的威胁，并且它还意味着创造了一种人们能够过上幸福而有意义的生活的环境。

应该怎样理解和认知池田大作话语体系的“和平”一词呢？在池田大作发表的诸多著述和 42 篇“和平倡言”、演讲、对谈录中，有着大量关于和平与稳定的话语勾勒。池田大作的“和平”话语中，关注最多的是暴力问题。他把暴力分成两大类：一类是战争和恐怖活动，即称之为“直接的暴力”。他的信念就是要“废止一切军备”②。在他看来，如果说德国哲学家雅斯贝尔斯意义上的“轴心时代”是自我觉醒的时代，那么现代所面临的“第二轴心时代”则是人的类意识盛行的时代。随着核武器及其对整个地球的毁灭这一可能性的出现，人类思想应该超越国家的界限，从“国家利益”转移到“人类利益”，从“国家主权”转移到“人类主权”上。③国家与国家之间必须打破固有的斗争状态，建立起互利的国际关系，他说“相互之间不加任何恐怖于对方，相互忠心信赖，相互爱护的一种状态，

①这个是来源于百度词汇的解释。

②[日] 池田大作，[英] 汤因比：《展望 21 世纪——汤因比与池田大作对话录》，北京：国际文化出版公司，1997 年，第 234 页。

③[日] 池田大作：《世界市民的展望——池田大作选集》，香港：三联书店（香港）有限公司，1993 年，“序言”第 4 页。

这样的和平状态才是人类社会的正常状态。唯有这样才可以称之为人类社会。"① 另一类是"贫困和压迫"，也称之为"结构性的暴力"。不论是恐怖和战争这些直接的暴力，还是贫困和压迫这些结构性的暴力，在池田大作看来，都是和平的死敌，只有彻底根除所有的暴力，才能实现真正的和平。由此，池田大作将这种和平的看法称之为"积极的和平主义"。他强调，人类所要解决的课题，不单是实现没有战争这一消极的和平，而是要实现积极的、一种能从根本上改变威胁"人性尊严"的社会构造的和平。只有这样，我们才可以明白并享受到和平的真正意义。因此，所谓和平，是相互之间不加任何恐怖于对方，衷心互信互爱的一种状态。这样的和平才是人类社会的正常状态。把和平理解为不仅要消除恐怖和战争这些直接的暴力，而且要根除这些暴力得以引发的因素——贫困和压迫，实现一种互信互爱的人类社会的正常状态，这正是池田大作话语体系"和平"概念的一个突出特点。

池田大作话语体系的"和平"概念有着深厚的哲学基础。池田大作主张的"和平"是要依靠自己的力量"主动地去争取"，反对"逃避现实"的"遁世"态度。如何才能达到国际之间的和平与稳定呢？池田大作从现代社会动力与传统社会动力的根本区别入手，强调指出："以往军事、权力、财富等所谓'硬能'作为历史的动因的决定性要素，到最近，其比重下降，而知识、情报、文化、思想、组织等'软能'的力量正显著增强。"② 在池田大作看来，在"软能"时代，世界各国应该变原有的通过以霸权、侵略的"外压"式做法为通过协商、理解而"内发"产生的力量为核心的交流方式，从而建立起国际之间的和平对话。由此可见，池田大作话语体系的"和平"概念寄寓于人们之间道德觉悟的提高，以及国际之间良好正义秩序的建立。从这一点看来，池田大作的"和平"概念与康德和罗尔斯致力建立一个持久和平的国际状态的论述有着天然的一致性。德国哲学家康德在《永久和平论》中论证了人类永久和平如何能够成为一个"自然而然"实现的过程。虽然时至今日，康德意义上的"永久和平"的

①[日] 池田大作：《世界市民的展望——池田大作选集》，香港：三联书店（香港）有限公司，1993年，第241页。

②[日] 池田大作：《世界市民的展望——池田大作选集》，香港：三联书店（香港）有限公司，1993年，第19页。

世界显然还没有到来，但是，康德在历史理性批判的著述中将其实现永久和平的“伟大的各民族的联盟”之期望寄寓于“大自然得以在人类的身上充分发展其全部禀赋”之上。① 康德的永久和平计划的实现在于自然所赋予的人的理性这一禀赋的充分发展与运用上。为此，康德提出了一个渐进的设计方案：他认为首先需要制定“国与国之间永久和平的先决条款”，然后再签订“走向各国之间永久和平的正式条款。”② 力图通过这样一种制度性的方式实现一个永久和平的理想社会状态。罗尔斯在其晚年同样也致力于世界和平的建立。罗尔斯延续了他在《正义论》中提出的作为公平正义的基本原则，力图将之扩展运用于国际之间的合作，这就是他所提出并建立的“万民法”。在罗尔斯看来，建立“万民法”的原因就在于人类历史上巨大的罪恶——战争、饥饿与贫困、种族灭绝和大屠杀等等，这些罪恶来自于政治上的非正义。罗尔斯坚定地认为，这种政治上的非正义可以通过建立正义的基本制度来排除，这样终将使这些巨大的罪恶也趋于消失。③ 因此在这个意义上看来，罗尔斯的“万民法”更多的是属于政治领域中的实践问题，而池田大作话语体系的“和平”概念更多的是在某种程度上吸收了这两位伟大思想家的“和平”思想，他认为世界和平的实现必须在人的道德觉悟与社会制度规范两个层面共同努力才能完成，由此开始了长达几十年努力不懈的一种以民间外交力量为主体的推动世界和平发展的实现方式。

池田大作话语体系的“和平”概念值得关注三个方面。第一是期望根绝世界范围的暴力，倡导积极的“和平”理念。池田大作为“和平”奔走的起点，始于他在第二次世界大战中度过的少年时期，那段经历，令池田大作痛恨战争，使他把核武器视为“绝对的恶”。池田大作以切身体会指出：“没有比战争更残酷的，没有比战争更悲惨的。”④他认为，一般来说，人们认为和平的反义词就是战争。但是，研究和平的人们不这么看，而是

①[德] 康德：《历史理性批判文集》，香港：商务印书馆，1997 年，第 15 页。

②吴猛，和新风：《走向永久和平：罗尔斯与康德》，载《学海》2002 年第 5 期。

③[美] 约翰·罗尔斯：《万民法》，长春：吉林人民出版社，2001 年，“序言”第 7 页。

④[日] 池田大作：《人间革命》第 1 卷，香港：香港国际创价学会，1993 年（第 3 版），第 13 页。

认为和平的反义词是暴力。和平是通过同包括战争在内的各种暴力——贫困、饥饿、环境破坏、压制人权等做斗争，通过根绝各种暴力而实现的。也就是说，和平不是“战争的间歇”，而是“暴力的根绝”。暴力是战争的根源，为此池田大作强烈呼吁，在反恐斗争中，采取行动的一方必定要贯彻“自律和自制”，如果没有关怀他人的“自律”，那么，就不能产生说服力，就很难达到和平与安稳。历史与现实都已经证明，“以暴易暴”“以恶制恶”，无法取得积极的和平，因为和平是不能以武力来取得的，也不能以经济和军事手段来取得。藏在武力后面的和平绝不是和平。暴力本是一种很软弱的行为，是人性的失败，相反，非暴力才是精神的强者，对此人们有必要加以重新认识。总之，把战争的根源归于暴力，在对和平的诉求中反对战争和一切形式的暴力，池田大作的这种积极和平观有助于我们加深对战争与暴力的认识，对推进世界和平有着积极的意义。

第二是长期反对一切战争，追求绝对的“和平”主张。池田大作从维护生命的尊严立场出发，把战争看作是绝对的恶，反对一切战争，倡导“慈悲与宽容的绝对和平主义”。不过，池田大作也看到，在现实世界中，这种“绝对和平主义”的理想却是难以实现的。面对理想与现实间的鸿沟，池田大作毕生进行着艰辛的求索，力图架设起一条通达彼岸的“和平之路”的桥梁。从池田大作对绝对和平主义的探索中，我们可以真切地看出他对世界和平的殷切期盼和他所追求的“绝对和平主义”在现实世界中所面临的诸多矛盾。池田大作指出，绝对和平主义在理论和实践上历来是一个两难问题。从理论上说，和平应该是彻底的、无条件的，因而是绝对的；但是，在和平问题上的是非界线又是不确定的，因而是相对的。从实践上看，为和平而不惜牺牲是可歌可泣的；然而，不问效果的无谓牺牲又是不可取的。诚如池田大作所说：“在理论和实践两方面，都很难划出一条泾渭分明的界线来区分这个问题上的对与错。”① 造成这种状况的原因就在于人们在现实生活中动机和效果的矛盾，这体现在池田大作与英国学者保林的对话中，他认为，“虽然可以理解，一个彻头彻尾的坚定的绝对和平主义者会不惜为信仰面对死亡，但绝对和平主义的政治效果有时不无问题。如你所言，在一个希特勒式的政权下，一个绝对和平主义者能做什么

①［美］保林，［日］池田大作：《生生不息为和平——保林和池田大作对话录》，桂林：广西师范大学出版社，2008 年，第 114 页。

有益的事呢?”① 确实，和平的愿望是美好的，但是在这个世界，却视现实社会为“秽土”。将现世的努力错解为次要部分，结果则使人在心中养成“逃避现实”的思想。近年来日本又有所谓“和平念佛主义”的潮流出现，但是，忽视“和平是争取得来的成果”“没有不断争取就没有和平”的观点，只是“和平”“和平”地在口中念念有词，却无所事事，其实是一种依赖他力、一厢情愿、不负责任的生活状态。池田大作把维护世界和平的希望寄托在创造历史的主角——世界各国人民的共同行动上。他说，和平最终不是由政治家签署条约所实现的。唯有在世界民众之间建立信赖及友情，才能落实真正恒久的和平。唯在坦怀相待的情况下，人心方能凝聚。这就是对话的力量。在他看来，当下高举争取人类和平的旗帜、高呼“和平”的民众队伍愈是扩大，离和平就愈近，离战争就愈远。

池田大作话语中关于“和平”概念极力主张“非暴力的渐进式和平”，反对“以暴易暴”“以恶制恶”的观点。池田大作在《核裁军的建议》中说：“民族利己主义是一个恶魔，试图以邪恶控制邪恶必然造成一种恶性循环”②，从对方看来就是侵害，就会招致复仇，陷入不可自拔的复仇的连锁之中。有的国家甩开国际社会，悍然对阿富汗、伊拉克采取单边军事行动，池田大作对此非常反感和担心。他在抨击恐怖活动的同时，强烈要求该国“自律”，不要搞“以暴易暴”“以恶制恶”。在他看来“以暴易暴”“以恶制恶”的办法是治标不治本，是政治家无能的表现。池田大作分析认为，行使以军事力量为象征的硬能也许暂时可以解决问题，但这带有强烈的头痛治头的色彩。更是在纠纷地区埋下了“憎恨的种子”，使事态陷于僵局。池田大作话语体系的“和平”概念里头却并不都是和平主义者，这是善良的人们应该时刻警惕的。池田大作还认为，判断善恶的标准虽然是相对的，但维护生命尊严却是绝对的标准。由于在评价绝对和平主义问题上存在着两难的状况，关于这一点，池田大作在回答松下幸之助关于判断善恶有没有某种绝对的标准的提问时说道：“人的善恶问题，从一个方面来看，也许确实不过是相对的。其最明显的例子是这样的情况：在和平时期，杀死外国人是恶。但到打仗时，便被认作是必要的恶，有时还被高

①[美] 保林，[日] 池田大作：《生生不息为和平——保林和池田大作对话录》，桂林：广西师范大学出版社，2008 年，第 114 页。

②何劲松：《池田大作集》，上海：上海远东出版社，2003 年，第 33 页。

度评价为爱国的行为。这类情况可以说是善恶的价值因时期不同而互相更换的最好的例子。另外，即使在同一时期，善恶的价值观也会因人、因地、因所属的集体或组织而异。”① 这就是说，善恶的标准因时、因地、因人而异。这就是善恶标准的相对性。然而，判断善恶就真的没有某种绝对的标准吗？池田大作认为，善恶问题是价值问题。他依据创价学会第一任会长牧口常三郎关于价值是“人的生活和他的客体之间的关系”的思想，提出“判断善与恶的标准的基础在于活着的人的生”的论断，并在与汤因比博士、松下幸之助的对谈中，都进行了充分的有说服力的论述。池田大作认为，生命的尊严是普遍的绝对的准则，生命的尊严是没有等价物的，是任何东西都不能代替的，因此生命的尊严就是绝对的标准。维护这种生命的尊严，为这种生命所追求的幸福尽最大的努力，这就是善，反之则为恶。我认为这是任何时代、任何社会都不变的标准。如果有一种社会把破坏生命当作是“善”——这种社会在各个地方、各个时代确实有过——那就应当说，这个社会本身就是“恶”。这是池田大作运用牧口会长的“价值论”和户田会长的“生命论”，对善恶问题所作的创造性的阐发，他认为战争是“绝对恶”，主张反对一切战争的绝对和平主义的思想基础。池田大作宣称，他对于所有的战争都是绝对反对的。核武器的出现及其对人类文明可能造成的毁灭性灾难，更促使池田大作对以往的战争理论采取一概否定的态度。如同在绝对和平主义问题上存在着理想与现实的矛盾一样，在评价战争理论时，同样充满着矛盾。作为人类美好的理想，我们当然要彻底埋葬战争这个人类有史以来的“怪物”，连同一切战争理论，但是在现实世界中是难以实现的。池田大作是一个绝对的和平主义者，但同时也是一个坚定的人道主义者。因此，当被压迫民族和人民遭受殖民统治和暴政蹂躏而被迫进行暴力反抗时，池田大作还是寄予深切的同情与支持。对恐怖主义猖獗所制造的流血事件，他也主张“软能”和“硬能”两种手段兼施，以打击恐怖主义，保持社会的和平和稳定发展。池田大作就是这样在理想和现实的尖锐冲突中苦苦探索、艰辛追求，而且发誓只要他还活着，他便会追求这个不可实现的理想。

第三是彰显生命尊严，奉行彻底的“和平”概念。关于池田大作彻底

①［日］池田大作，松下幸之助：《人生问答》，北京：中国文联出版社，2000年，第223页。

的“和平”概念理解，可以从两个层面加以分析。一方面，从空间层面看，和平不仅是一种社会状态，也是一种自然状态。池田大作把和平的理念贯彻到人与自然的关系中，应用于世界万物，使和平无处不在。这是和平的彻底性在空间维度上的含义。池田大作认为，人类应该彻底抛弃犹太教关于人类天生具有尊贵性而自然界本来就是用来为人类服务的观点，要求人们把自然界的万物看作一种生命体，是和人一样，是一种“生命的存在”，因而也有生命的尊严，也同样必须受到应有的尊重。他认为，自然界也是保持一定规律的“生命的存在”。尽管与人类生命形式不同，但本质上是与人类生命相互关联的。人们必须意识到，人类所赖以生存的这个世界，不仅是属于人的，而且是属于所有生命的存在。包括生物界和无生物界的自然，肉眼看不见的“生命之线”像蜘蛛网一样张挂着，并且从整体上巧妙地保持着平衡。虽说是人，也仍然是自然中的一部分，如果人用技术损害了自然就意味着损害了人本身。由此可见，池田大作的“和平”概念，不仅是彻底的社会观，也是一种彻底的自然观。另一方面，从时间层面看，和平应该是永恒存在，无时不有的。我们通常所说的持久和平，在池田大作眼里，就是一种可持续发展的社会观和自然观。池田大作认为，和平不能是间歇性的，而应该是一个包括过去、现在和将来的可持续发展的过程。彻底的和平主义包括未来生命的可持续发展。为此，面对当今世界环境、资源、人口等社会、经济问题日益尖锐并扩展的趋势，池田大作大声疾呼：在与周围大千世界的和谐相处中，绝不能忘记要关照未来。对于我们的子孙以及再往后的孩子们，这个世界是不可替换的生存基础。假如只为满足我们的欲望，把资源耗尽，或用威胁生命的有害物污染了这个‘世界’，那样，未来的后代就走投无路了。关于怎样处理这种关系，池田大作指出，人的存在是自然规律给予的，因此人类就要尊重自然规律。所以在处理人与自然的关系方面，人应该尊重自然界本身所具有的生命的相互联系与循环的规律，应当把自己与它相一致当作基本。在处理人与人的关系方面，池田大作认为应当把尊重其他所有人的生存权利和维护人格的尊严作为基本。能做到这一点是因为“爱”和“慈悲”。“爱”或“慈悲”是对人而言的，人是“爱”或“慈悲”的实践者，也是受益者，要以人为本，要尊重人、爱护人。这也正是池田大作的生命至尊论、宇宙生命论、天人合一论等，既是池田大作佛法人道主义的重要特征，也是奠定池田大作话语体系“和平”概念哲学基础的重要方面。

池田大作话语中的“和平”概念有着极为丰富的意蕴，它不仅关涉着中日友好长途跋涉最终进入亚洲和平的行动轨迹，而且通过拓展它的“语义承载能力”，又赋予其新的历史语境，使得“和平”概念成为一个超越历史时空的表达话语，并在中日友好的漫长道路中，建构着“和平”概念的“行动”维度。由是言之，探究池田大作话语体系的“和平”概念及其“行动”维度，自当是一个重要的研究途径。

二、池田大作“和平”概念的行动维度

概念话语通常具有“说明世界、组成世界、建构世界”的作用。池田大作话语体系中的“和平”概念，同样发挥着重要的“建构”作用。通过“建构”体现的“和平”意涵，又使这一概念具有了“行动”的维度。

（一）以池田大作“和平”概念不断发展壮大学会组织

池田大作“和平”概念不仅仅局限于理论层面阐发，他更是身体力行，积极用实践和行动去推动世界和平与发展。一方面表现在创价学会的发展、国际创价学会的建立以及成立创价教育，从幼儿园、小学、中学、大学，乃至继续教育；另一方面还表现在学会以自身的影响去参与现实政治，影响本国政治决策。创价学会及国际创价学会的理念与行动宗旨就是推动世界的和平与发展。在这一理念的指导下，创价学会不仅仅是停留在简单的表面层，更是在1956年积极进军国政，努力地把自己的理念转化为实际政治行动。1969年，创价学会所成立的公明党在日本选举中成为第三大党，成为对日本行政决策具有较大影响力的政党。① 从而对于其行动理念在政治决策中的贯彻有了重要的推动作用。国际创价学会（SGI）在其1995年所制定的SGI宪章中指出，SGI以维护生命尊严的佛法为基调，为全人类之和平、文化、教育做贡献。SGI尊重“信教自由”，并坚守始终。“SGI期望各加盟团体的成员，作为各自国家、社会的良好市民，为社会繁

①［日］前原政之：《池田大作——行动与轨迹》，香港：天地图书有限公司，2006年，第143页。

荣贡献力量。”① 几十年来，国际创价学会已经遍布190多个国家和地区，以其积极的行动为世界的和平与发展做出了巨大的贡献。在池田大作的“和平”概念思想与行动的轨迹中，促进世界和平与发展成为其整个活动的中心线索。与此相应的是，这一和平理念也随着他活动的影响力的不断扩大而产生越来越重要的影响，成为更多有识之士所致力实现的伟大抱负。

（二）以创价学会和国际创价学会和平运动丰富民间外交内涵

民间外交作为对传统外交的发展，已经得到了越来越多国家的重视。池田大作几十年来努力推进民间外交，以期瓦解猜忌及不信任的铁壁铜墙。42年来，每年1月26日发表“和平倡言”，针对各项全球问题提出解决方案，锲而不舍地呼吁废除核武器。此外，他成立了数个推广和平、人本教育、文化交流等的机构，并会见世界各国领导人、文化界代表及学者，讨论如何解决人类共同面临的挑战，与政界、教育界、学术界、科学界、和平行动界、实业界以及艺术界的诸多有识之士展开了近1700次对话。其中有50次以上的对话出版为对谈集，其中，与汤因比博士的对谈集《展望21世纪——汤因比与池田大作对话录》，已经被翻译成27国语言出版，受到世界各国人民的青睐。参与对话的人都是各个领域的权威，包括英国历史学家汤因比，苏联总统戈尔巴乔夫，中国文豪金庸，“和平之父”挪威人戈尔通，美国未来学者亨德森，诺贝尔和平奖获得者、和平活动家波林，以及奥雷利奥·贝恰（Aurelio Peccei）、阿道弗·佩雷斯·埃斯基维尔（Adolfo Perez Esquivel）、约瑟夫·罗特布拉特（Joseph Rotblat）、纳尔逊·曼德拉（Nelson Mandela）、旺加里·马塔伊（Wangari Muta Maathai）、罗莎·帕克斯（Rosa Parks）等。对话主题涉及人类面临的重大问题，从冲突到环境退化、宗教、社会改革，内容囊括当今社会的重大课题。民间外交具有的公共性质，彰显了其内在的社会价值和深厚的文明属性，强调对其他国家的公众、舆论以及非政府组织进行解释和说服，一方面通过提供相应的公共产品以赢取不同国家公众的支持与认可，另一方面借助社会的力量来推动对象国政府采取有利于本国的政策，实现对国家外交战略的有益补充。

---

①[日] 前原政之：《池田大作——行动与轨迹》，香港：天地图书有限公司，2006年，第107页。

（三）以池田大作“和平”概念吁请世界各国领袖致力让人类摆脱核武器的阴影

1957 年，池田大作的恩师创价学会第二任会长户田城圣发表宣言，呼吁废除核武器。这份把核武器贬为“绝对恶”的宣言，提出了三个对于当今世界仍然具有深远意义的要点：让政治领袖改变意识、促进把核武器非法化的认同，以及在全世界大规模地推进“人类安全”。池田大作基于恩师的观点，提出了影响至深的五项建议：①《不扩散核武器条约》的五个有核武器国必须在下一年的《不扩散核武器条约》审议大会上，联合声明一致认同创建无核武器世界，并即刻为此采取具体行动。②联合国成立废除核武器的专家小组，与民间社会更密切合作，一同推进核裁军。③《不扩散核武器条约》的缔约国应加强防止核武器扩散的现有机制，着手消除阻挠核裁军的障碍。④世界各国积极削弱核武器于保安措施中所占的地位，并更进一步将此类以“不依赖核武器为国防政策”的行动推广至全世界。⑤争取世界民众的支持，设置“把核武器非法化”的国际规范，为缔结崭新的《核武器公约》奠定基础。

三、池田大作“和平”概念的历史启示

概念话语的核心要义在于它的“识别”性，通过强调某一概念的话语表达，能够使人“识别”出这一概念在“此时此地从事一种特定的什么（活动），那么你就成功地创造了一个话语。”通盘考察池田大作“和平”概念的话语陈述，我们不难发现池田大作话语中的“和平”概念，一方面突破了其本身的概念意涵，内在地将“中日友好”与世界和平联系起来，更是拓展了“和平”概念的意识形态色彩。另一方面，又大大拓展了这一概念的思想张力，使其成为一个“建构性”的话语和“行动化”的概念，并以其特定的历史语境，形成特定的行动逻辑。在池田大作毕生推动亚洲和平乃至世界和平的道路上，他在“以言行事”和“以言成事”的话语逻辑中，也是通过“和平”这一概念来建构和表达其在不同历史阶段的特定指涉，以期实现特定意图和预期目标。由此体现的“建构”作用和“行动”逻辑，成为激励中日爱好和平的人民开拓新局面的重要精神资源。这在池田大作的“和平”话语中随处可见。

以池田大作“和平”概念成就了另外一个行动领域，那就是与在历史上受尽纷争及冲突之苦的国家，建立起友好信赖与文化交流。池田大作竭尽所能修复日本和其邻国的关系，促进亚洲和平友好。池田大作期盼亚洲国泰民安的热切愿望，促使他在 1968 年，当中国仍被国际社会孤立的时候，大声疾呼中日邦交正常化。接着在 1974 年，当中苏关系紧张到武装冲突一触即发的地步时，池田大作以一介平民身份，会见双方领导人，进行对话，竭力扭转当时的严峻局势。

当今世界无论是传统安全还是非传统安全都会危及全球的稳定和发展，所以和平之路被置于非常高的地位。现实中可以看到，世界很多地区有战争正在发生或者有发生的高风险。此外，非传统安全领域存在的威胁更严重，西方很多国家都面临恐怖主义等非传统的安全领域存在的风险。虽然人类社会依然不太平，世界上很多地区尤其是民族、宗教等重叠和多元的地区容易爆发冲突与战争，种族仇杀、宗教冲突、恐怖主义、极端主义、分离主义等甚至在有些地区已经成为常态，但是人类追求和平的脚步并没有停止。面对暴力，历史经验告诉我们，以暴制暴是不可能获得长久稳定和持续发展的。只有通过和平的手段，才能实现长期的稳定和发展。和平是次序的和谐、正义的工程、爱德的成果，心存和平之念、向善之念、爱人之念，以慈悲之心化人化己，让和平的理念深入内化到每一个人的心中，人类才可手相牵、心相通，其中民间外交力量可以成为有效的纽带。

汤因比曾经指出，未来社会的生机源泉将来自于宗教，不过，宗教也必须不断发展以满足人类的新需要。在人类社会的发展中，需要信仰的力量来凝聚社会共识，团结社会公众。对于人类和平而言，不同国家的民众团结在同一的宗教信仰之下，必然会产生积极的文化与文化认同，从而培植和平理念，助推和平进程，作为民间外交重要表现形式的创价学会和平运动将成为实践宗教和平理念的重要途径和有益平台。民间外交与宗教的结合，可以说是人类和平事业发展的福音。

池田大作教育思想中分享的内涵

姚朝文①

池田大作先生是当代日本著名的创价教育家、国际和平主义大使、卓越的宗教家，也是创价学会开创者牧口常三郎教育思想的继承者和分享者。他的教育思想中分享的内涵至少包含如下内容：以孩子为中心、亲子共读分享收获、身教优于言传、幸福与和平教育等思想，给当今中国提供了分享教育收获的良多启示。

一、“以孩子为中心”是分享教育收获的落脚点

牧口常三郎于1899年5月在北海道师范学校附属小学作了题为“山和人生”的演说，这是以小学教师为对象的示范课程，相当于当今中国教育界流行的公开课。其主题是：以山为主体怎样授课才能培养孩子们的兴趣。

他在演说中开门见山地亮明自己的教育宗旨是以德国赫尔巴特（Johann Friedrich Herbart）的“多方兴趣”（vielseitiges interesse）理论来实施教学，“培养教育目的之兴趣，要理解山所起的作用”②。

在笔者看来，这一场演讲更像一堂基础教育阶段的作文教学课，更具体地说，就是在作文教学的审题阶段，如何让学生扩展思路、激发多向度想象力。这显然是关于如何拓展想象力，怎样打开作文思路的思维扩

①姚朝文，佛山科学技术学院人文与教育学院、池田大作思想研究所教授。

②[日] 牧口常三郎：《牧口常三郎全集》（第7卷）《书记教育学论集》，东京：第三文明社，1982年，第330页。

展课。

牧口校长要求听讲者分别从六种兴趣（经验的兴趣、思考的兴趣、审美的兴趣、同情的兴趣、社会的兴趣、宗教的兴趣）的向度来依次分析山与人类生活之间的关系。如此实施基础课堂教学，在100多年后的今天看来，实属跨学科的综合探讨学习法。这就引发了我们教育工作者的好奇心，想弄清楚100多年前的日本先进教育思想家，究竟是怎样实施其课堂教学的。

下面引用日本学者佐藤秀夫从《牧口常三郎全集》第7卷《书记教育学论集》中引述的这次演说的课堂内容：①

第一，在“经验的兴趣”上，解释一下作为资源产地的山。“山麓的牧草养育着牛马，使绵羊和山羊的数量增加。因此在日本，大部分有名的牧场都在山麓。”“矿物以山的形式出现在地表。如果没有山岳，大部分有用的矿物就会深埋地底，那就难以到手。”“所有这些物质都是人类生活不可缺少的，是社会文明进步的基础。”

第二，在“思考的兴趣”上，解释一下作为学问对象的山。例如，在自然科学里，“如果没有山岳，热带地区就会变成沙漠，寒带地区就会变成冰川，温带地区就会变成沼泽。因此，山可以说是水源，也是土质的调整者，气候的调节者”等。

第三，在“审美的兴趣”上，解释一下作为艺术主题的山。就是说，以山为主题，画家怎么描绘，诗人怎么用诗去咏叹。“实际上，山点缀了大地，装饰了土地，宛如大自然为了满足人类的眼睛，处处准备了美丽的风景。”

第四，在“同情的兴趣”上，解释一下作为人格形成的山。“山能够使人的情感变得和谐，启发人心，可以说是从天上来的老师。被山爱护着的国民在凝望山的时候，犹如孩子凝望父母一样。还有谁不爱山呢？”

第五，在“社会的兴趣”上，解释一下作为社会形成起点的山。“和山承受的命运一起体验的这种情感，最终走向被山保护着的社会全体。强烈的爱国心之所以都在多山的国家，实际上就是这个原因。”

①［日］伊藤贵雄：《牧口常三郎与约翰·杜威——对地理学的关注》，转引自高益民：《和平与教育》，北京：教育科学出版社，2010年，第267－268页。

第六，在“宗教的兴趣”上，解释一下作为宗教象征的山，或者说作为宗教感情契机的山。“可以说日本的宗教是在山上发展起来的。不只是日本，世界的大宗教也是在山上发展起来的。”另外，生活在山上的人，“认识天，理解天，和天融为一体。他们在和天接近的同时，慢慢地知道了自然的力量广大无边。与大自然相比，自己的力量实在渺小。我们觉悟到自己被超越人类的力量支配着。”

采用古今中外文献对比的方法来考察就会发现，这种教学思路在中国古代的教育中早就有成功的实践，宋代大文豪苏轼的读书方式就类似这种多向度思考、发散性放射状接受的方式，这种方法的行动实践效果特别突出，帮助苏轼成为那个时代学识最广博、才华最丰硕、成果最突出的大文学家，他在古文（古典散文）、诗歌、词、政论、书法、政治思想、军事思想、游记、美食、水利工程方面均有建树。苏轼把这种学习和教育的方式形象地命名为“八面受敌”法。

如果说苏轼的这种阅读方法与牧口常三郎的跨学科综合学习法有什么区别的话，那就是苏轼的“八面受敌”法是以阅读者或写作者自己为中心，而牧口常三郎则强调要以学生而非教师、接受者而非创作者为中心。

池田大作继承了创价学会的开创者牧口常三郎以学生为中心的教育观念。牧口常三郎主张，教师要离开受人尊敬的王座，要成为指导他人登上王座的公仆。池田进一步指出，教师“与学生的关系不是对立的，彼此都是迈步在学问之道的同志，也可以说是前辈与后辈。最重要的是两者都要秉承民主的关系。”“教育者以贤明的指导、充满爱的鼓励，一定能大大开启生命的‘心扉’。”①

池田大作一直主张“师弟不二”，认为“孩子的幸福是第一位的。孩子也是人，也有人格问题，发挥孩子们的可塑性是教师的责任。”②

他又认为“母亲是孩子的第一个启蒙教师。”“不论什么家庭，父母自身有上进心，不断学习，这样的态度就会自然地给孩子带来启发。”③中国

①创价学会指导集编辑委员会：《创价学会指导集》，东京：圣教新闻社，1976年，第81页。

②［日］池田大作：《谈教育》，东京：第三文明社，2003年，第47－48页。

③［日］池田大作，［美］杜维明：《“对话的文明”——谈和平的希望哲学》，成都：四川人民出版社，2007年，第13页。

古代名言“言传不如身教”，说的也是这个道理。

他与杜维明教授对话时，可谓机锋并出，哲理浓厚、启迪良多。他们俩都认同佛教经典所云：“库财不如身财，身财不如心财。”“家庭、学校和地区社会，都应当是把丰富的‘心财’赠给孩子们、进行人本教育的场所。”①

池田先生也意识到，“人生并不是只用学校教育来培养的。”② 要完成人的教育，途径有多种，家庭教育、社会教育恰恰是学校教育分别伸向的两个领域。对于成年人来说，社会教育的痕迹会更重，限制性也更强。但是，考察人的一生，其早年教育，尤其是家庭教育，会影响到他一生的价值取向、性格操守和一生的追求。

二、“亲子共读”是教育分享的重要路径

《开创未来的教育圣业：与丹麦教育家的友情对谈》一书第四章“义务教育的现在与未来”之第一节，讨论的主题是“亲子共读”的重要性。池田大作指出，现今日本青少年疏离书籍的情形急剧增加。从好书获得的心灵滋养是无法估量的，尤其在幼年期养成阅读的习惯意义重大。丹麦教育家亨宁森对答道：“过去我国普遍每个家庭，都会带着二到六岁的孩子亲子共读，但近来因夫妻都就业的情形增多，家族结构改变，此传统有了很大的变化；亲子共读不仅是父母也成为幼儿园老师的责任。然而，整天诸多压力的工作结束，父母若还有时间和精力的话，仍会在家里与孩子共读。”③

由此笔者联想到，当今有多少中国父母能够分享与孩子共读童话与文学经典的亲身体验？如果说在部分城市的教师、知识分子家庭里可以分享而毫无困难的话，那么在广大“留守儿童家庭”，爷爷奶奶与孙辈之间，

①[日] 池田大作，[美] 杜维明：《“对话的文明”——谈和平的希望哲学》，成都：四川人民出版社，2007年，第19页。

②[日] 池田大作，[英] 汤因比：《展望21世纪——汤因比与池田大作对话录》，北京：国际文化出版公司，1985年，第61页。

③[丹麦] 汉斯·亨宁森，[日] 池田大作：《开创未来的教育圣业：与丹麦教育家的友情对谈》，刘焜辉，译，台北：正因文化事业有限公司，2011年，第60页。

如何才能做到池田大作与亨宁森所推崇的"亲子共读"呢？即便在城市里，工薪阶层大多把孩子交给爷爷奶奶看管，自己早出晚归。这种"隔代教育"给子辈、孙辈成长带来的后遗症已经越来越显著了。这是处于低级阶段的中国偏远地区的乡村、处于中等发达阶段的中国东南部沿海城市与发达的丹麦、高度发达的日本之间，在儿童早期教育阶段的重大差别。

针对这种现象，池田大作高度赞扬大阪国际儿童文学馆名誉馆长中川正文的做法。他说："著名绘本作家中川正文就曾称赞青妇的亲子共读运动'并非是单方面念给孩子听，而是妈妈出声朗读得到感动，小孩听了也才会感动。这种态度很重要。'并做结论说：'一起成长'是亲子与故事书共同建构出来的基本'型态'。"①

作为教育工作者，笔者有幸亲身体验过多种形式的"亲子教育"。为孩子朗读诗歌、读历史故事、读《西游记》里的"大闹天宫""孙悟空三借芭蕉扇"，与孩子共同表演儿童剧，分角色体验童话里不同的人物、动物角色，共同感受角色的喜怒哀乐，共同在旅游中验证课本里描绘的地理山川、江河湖海、历史名人的丰功伟绩，领略《诗经》的久远与《山海经》的浩繁……笔者将这些感受写成系列文章发表后，又获得了教育研究的立项课题，进而指导若干中、小学教研改革。孩子所在的佛山市实验学校获得教育部教育科学研究所的地方教育综合改革立项，以《营造"书香校园"与促进师生发展》获得全国教育学会颁发的优秀成果奖。笔者的征文作品《我们共同"成长"》赢得《广州日报》2007年8月8日"成长"杯全国征文一等奖（第一名），佛山市禅城区"十佳好父亲"荣誉称号。孩子参加"同分享 共成长 让爱流动之旅"，被授予"爱心小天使"称号，孩子的班级在学校里自发组织的"迎六一，献爱心"行动，引起佛山市电视台品牌栏目"小强热线"的关注，全程采访、录像后，面向全市播出，产生了广泛而强烈的社会反响。孩子们将亲手做的工艺品、玩具、装饰品、航空模型以及自己的书法、绘画作品现场拍卖，拍卖所得全部捐献给本市三水区"地中海贫血儿童救助中心"。孩子带回来整个活动的现场图片、录像给我们看，父母与子女共同感受"亲子体验""亲子创造""亲子义卖"的乐趣，那种幸福感和成就感是他人无法深刻体会和替代的。一

①圣教新闻（日本），2006年11月12日。

年后，孩子以此为题参加全区即兴口头作文大赛，因内容真实、生动有力而获得了特等奖。

做好事乃人性本性所驱使，不为功利目的所左右。在即兴作文的现场，孩子没有时间充分构思文章的篇章结构，在生活中积累的丰富素材就成为高下立判的试金石。当然，家长平时不应以权威姿态自居，不宜对孩子进行生硬的灌输，而应随着孩子的兴趣而隐形地诱导、激发。笔者深信，这种隐形引导而非强制灌输的教育方式，也是成功的诱因之一。再加上孩子担任学校播音员、升旗仪式的领队，经常主持大规模的集会活动，锻炼出临场镇定、从容应对的良好心态，也是成功的另一个重要心理品质。

总之，笔者以自身及孩子的亲身体验来现身说法，证明池田大作先生提出的“亲子共读”教育思想的实践效果是非常显著的。

就是在这个意义上，与池田大作对话的丹麦教育家亨宁森得出的如下结论，笔者深表认同，可谓《孟子》所云“于我心有戚戚焉”。亨宁森认为：“听故事的时候，大家都是平等的。我想‘共读’蕴藏着结合人与人及文化的力量，在培养儿童能力上有莫大效果。”①

池田大作见识广博，他提供了一段大历史学家汤因比成长的片段。例如，汤因比对他的儿了回忆自己幼年读书的经历：“小学读英国史时觉得很无趣。后来因为家计关系，母亲辞掉保姆，每晚亲自带我上床、哄我入睡，并从头开始为我朗读英国史。那时我五六岁吧。”②“那乐趣真是无可计量”。

笔者发现，许多大作家没有接受过博士教育，可是他们都接受过家庭教育和小学教育，影响他们终身创作成就的恰恰是童年记忆与小学教育。中国现代文学的奠基人鲁迅在《故事新编》里回忆了许许多多童年生活及母亲对他的教育。2012 年诺贝尔文学奖得主莫言在颁奖盛典的答谢致辞就是“讲故事的人”，讲的都是童年故事和小学时代的记忆对其创作的影响。笔者的作家老师魏巍、玛拉沁夫，大诗人公木、著名儿童文学研究家蒋锡金，都再三告诫笔者，童年生活、少年体验对作家一生的创作具有决定性的影响。至于中学语文课本里选取的朱自清的《背影》、魏巍的《我的老

①[丹麦] 汉斯·亨宁森，[日] 池田大作：《开创未来的教育圣业：与丹麦教育家的友情对谈》，刘焜辉，译，台北：正因文化事业有限公司，2011 年，第 62 页。

②[日] 腊山政道：《汤因比史学与现代的课题》，东京：中央公论社，第 61 页。

师》、朱德元帅的《我的母亲》乃至于选入《大学语文》教材里的贾平凹的《我的父亲》、梁晓声的《父亲》、史铁生的《我与地坛》，都体现出少年时代与父母的共同生活对他们一生的深刻影响。

三、身教优于言教

池田大作强调教师要注重自身的人格磨炼。他说：“知识本身是可观的，利用讲义、传声器完全可以传授。而人格形成、人性等应当如运用知识的价值创造问题，是要通过教师和学生之间的交流和接触才会自然刻印在生命中的。”①

这一思想不仅中肯，而且对于当代教育具有显著的针对性。在电子信息革命和经济全球化的当代世界，不仅教育的手段越来越工具化，教育的目标和归宿也越来越产生路径依赖，似乎不能“触电上网”就寸步难行，甚至要被时代淘汰。针对这种趋势，池田大作的这一教育思想，不啻为教育观念的春雷、教育手段的清醒剂。

在教学实践中，许多语文和英语教育名师反复强调过，语言教育才是最本位的。声音、形体手段可以强化语言教学的效果，例如，播放著名播音员的诗歌朗诵视频。但是，过多依赖多媒体，往往导致视觉图像淹没了语言教学本身，造成文、史、哲、政治、心理、教育课堂变成了电影、视频课堂。现在盛行的远程教育、慕课，比较适合于客观性知识的大规模、多受众的传授。但是，如果受教育者选修的是书法、绘画、音乐、武术、文学、钢琴、舞蹈等艺术性强、个性化突出的课程，尤其是到了高级阶段，特定的主观经验未必具有广泛传播性，必须师父耳提面命，手把手地训练徒弟，给其提示，让其体悟，纠正其随机出现的那些不可预见的差错。有些技巧、经验甚至“可意会而不可言传”，需要心灵与心灵的沟通与顿悟，就像禅宗五祖弘忍三更半夜给青年时期身为仆役的六祖惠能秘密传授衣钵那样，那种心传神授，殊非计算机远程传播所能替代，至少可以说，不能完全替代。

据佛教入门经典《五灯会元》卷一记载，释迦牟尼佛在灵鹫山法会上

①［日］池田大作：《创立者と共に——创立精神を学ぶ》，“创立者とともに”编辑委员会，2004年，第60页。

拈花示众，众生徒都不明白佛祖这是何意，只有迦叶尊者破颜微笑，心领神会，知其意旨。于是释迦佛说出了后世流传甚广的名言：吾有正法眼藏,涅槃妙心，实相无相，微妙法门，不立文字，教外别传。

这“不立文字，教外别传”就是堂奥之所在。笔者相信，任何学科，到了高级阶段都会“殊途同归”。宋代大理学家朱熹所云“理一分殊”，此之谓也。

笔者的学生写了一篇作文《应该优待我们的老师》，文中讲了一个故事：从前有一位国王，他决定把自己最心爱的一枚勋章作为最高奖赏，奖给对社会贡献最大的人。这一天，很多军功显赫的将军、成绩卓著的发明家、作家以及社会名流、学者都到齐了。可是，国王看了他们以后，并没有动那枚勋章，而是走到一位教了一辈子书的白发老妇人面前，恭恭敬敬把勋章奖给了她。国王十分郑重地对她说，你是人类智慧的开拓者。专家、学者、将军、国王都是从你这里得到启蒙的，你对社会的贡献最大。笔者在这篇作文后面的评点中写道：“这确实是一个令人深思的故事，它隐含着千言万语，作者借用它形成了强有力的论据。这种论证方法，要比直接讲一些浅显的道理更有说服力。”①

无论是佛祖释迦牟尼、汤因比还是笔者的学生作文里的那位国王，他们都采用了现身说法的方式来教育人众。笔者由此顿悟：身边的、生活中的榜样才是力量无穷的，现身说法的示范效果可以胜过抽象的道理。总之，身教优于言传。

四、分享幸福与和平的方式是教育

牧口常三郎于1930—1934年出版《创价教育学体系》四卷巨著②，终身践行其“人性教育”的思想。在军国主义横行无忌的时代，牧口常三郎反对培养武士道的少年，而主张教育是为了民众的幸福和“人格的价值创造”。今天看来这是难能可贵的，但在当时却被军国主义者视为异端。1943

①姚朝文，等:《全国中学生优秀作文评点（演讲卷)》，长春：长春出版社，1993年，第26页。

②[日] 牧口常三郎:《创价教育学体系》(1～4卷)，刘焜辉，译，台北：正因文化事业有限公司，2011年。

年7月，牧口常三郎、户田城圣被捕入狱，罪名是“不敬罪与违反治安维持法”①。战后，池田大作为了表达民众的和平诉求，创建了公明党，却于1957年7月被冠以“违反选举”的罪名入狱。“池田的出狱之日7月17日成为（创价）学园学生永远的原点和祈誓之日”②。

池田大作认为，教育可以防止国家之间的战争和其他不幸事件的发生。“我们可以期待通过人民大众之间的信赖渠道，来防止国家之间发生可预见的不幸事态”③。他进而指出，教育可以超越国家主义和意识形态的限制，“学问就是普遍的世界，可以超越国界、民族、语言来进行交流。教育应该担负起培养立足于全球视野的世界公民的职责。”④他在与当今世界新儒学泰斗杜维明教授合著的《“对话的文明”——谈和平的希望哲学》一书里，更加坚定地认为，这样的教育“一定会成为把‘战争与暴力的世纪’转换为‘和平与非暴力的世纪’的‘主轴’”⑤。

池田大作一以贯之地认为：“要开拓世界和平、人类平等、精神自由之路，这是‘教育’的神圣使命。不如此则无法形成让人活得像个人的‘人性绿洲’。此外，要打破阻止此趋势之权力者，打破权力魔性，使权力、权势归属于民众，也是要仰赖‘教育’才能做到。”⑥

在半个世纪前的牧口常三郎关于“山和人生”的演说中就体现出池田大作这种思想，对日本国粹主义倾向有清醒的批判意识：

实际上山是天然的城墙的同时，也会使国家变得狭隘。在狭隘的山国中成长起来的人怎么可能具有宏大的气魄呢？如果思想狭隘，就会嫉妒他人，排斥他人，最终导致内讧。封建时期这样的风气，实际上山的影响很

①[日] 奥田真纪子：《创价学园的人性教育——激发人类内在的多元可能性的人性教育理念》，转引自高益民：《和平与教育》，北京：教育科学出版社，2010年，第257页。

②[日] 池田大作，松下幸之助：《人生问答》，北京：中国文联出版社，2000年，第353页。

③创价学会指导集编辑委员会：《创价学会指导集》，东京：圣教新闻社，1976年，第389页。

④创价学会指导集编辑委员会：《创价学会指导集》，东京：圣教新闻社，1976年，第319页。

⑤[日] 池田大作，[美] 杜维明：《“对话的文明”——谈和平的希望哲学》，成都：四川人民出版社，2007年，第185页。

⑥[日] 池田大作：《教育指针》，台北：正因文化事业有限公司，2000年，第10页。

大。这种风气到现在仍然没有消失。这样自然而然就出现了岛国根性。岛国根性不也体现在与外国贸易的许多共同事业上吗？那实际上是日本人的一大缺点，作为教育者，将来一定要大力纠正它。①

牧口常三郎先生对国民性格洞察之深邃、胆识之过人，令人倍加钦佩。这种对国粹主义的清醒抵制，在当前剧烈变动的国际局势面前，就显得尤其有现实意义。

创价学园于1968年4月初创。开始是中学建制，1971年创立了创价大学（創価大学，Sōka University）。池田大作确定的创校校训有五条：①要成为追求真理、创造价值的英知和热情之人；②要成为绝不给别人添麻烦、对自己的行动负责任之人；③要成为对他人亲切、彬彬有礼之人，否定暴力、重视信赖与协调之人；④要成为堂堂正正地陈述自己的信条，为了正义具有贯彻实行勇气之人；⑤要成为富有进取禀性的光荣的日本的领袖、世界的领袖。②

创价学园的校训里，特别体现出池田大作的人生与教育信仰，其关键词就是“追求真理”“不给别人添麻烦”、对自己的行动“负责任”、否定暴力、信赖与协调、坚持正义、贯彻力行、世界领袖。池田在关西创价学园第一次入学仪式上强调，要懂得报恩而不是一味索取，抵制邪恶而非作恶，尤其“不能将自己的幸福建立在他人的不幸之上”③。池田大作先生不仅把这些可贵的“人性教育”理想确立在校训中，而且灌注到创价学园的校歌中。由冲洋作词、川上慎一作曲的创价校歌，弘扬的主旨是创造社会的繁荣、民众的幸福、世界的和平、承载后代的世界。池田大作一生具有超越眼前得失利害，跨越民族、国家与集团利益的限制，舍弃小我、成就大我的宏阔胸襟与远大理想。在1968年，日本国内右翼势力占主流、中国正处于“文化大革命”的混乱时局之下，池田先生能够不畏惧极端分子的暗杀威胁，以大无畏的毅勇发表了“日中邦交正常化倡言”。这种可贵的精神品质和大无畏的毅勇行动，在当代尤其需要发扬光大，不仅仅在中日两国的基础教育阶段，也适用于各国各种层次的教育实践。

①[日] 池田大作：《谈教育》，东京：第三文明社，2003年，第342页。

②[日] 池田大作：《教育の世纪へ》，东京：第三文明社，2003年，第201页。

③[日] 池田大作：《随笔新人间革命（327）》，东京：圣教新闻社，2003年。

教育的能量　行动的力量
——浅析池田大作的人生教育思想

袁　婧[①]

池田大作是一位令世人敬仰的大思想家，在他博大精深、富于远见的教育思想体系中，充分体现了他关注生命、重视人创造价值谋求幸福的教育理念，蕴含着深刻的人生教育思想。

一、注重培育健全的人格——人生教育思想的原点

池田大作非常重视教育，他很早就树立了“教育是其毕生之事业”的理想信念，他把这一倾注了人生决心的信念一直坚持至今，因为他看到了“人”是开拓未来、造就未来的主体，而教育就是启发人内在的无限潜能，并把这种潜能导向创造价值方向的事业，是建设社会、决定时代最根源的力量。

（一）教育的目的在于“创造知性”

教育不是一个事物，而是一个永无止境的过程。教育的核心是培养人，教育是文化的发展和繁荣不可缺少的因素和根本力量。英国教育家赫伯特·斯宾塞在他的《教育论》中就提出了“为完满生活做准备”的教育目的。斯宾塞认为，生活应当是教育价值的核心，教育的目的应当围绕“完满生活”展开。这里所说的“完满生活”不仅指物质条件方面，还包

①袁婧，南开大学马克思主义学院讲师、周恩来·池田大作研究会指导老师。

括怎样对待自己的身体，怎样培养心智，怎样教育子女，怎样做一个好公民，怎样合理利用自然资源而增进人类幸福等内容。

说到教育的目的，池田大作则认为，教育的目的在于“创造知性”，即把前人的智慧传给后人，通过学习人类共有的财产，转化为无限的创造力。在这里，所谓“知性”，有三个方面的内涵：一是指学识，即对人类已有知识的领会和掌握；二是指终身学习的能力，即不断充实完善自身知识体系的能力；三是创造力，即运用知识创造价值的能力。

池田大作正是本着“教育是造就下一代人的伟大事业”的理念，在纪念创价学会创立70周年的“教育倡言”中指出，教育是培育下一代的远大事业，绝不应该受当时政治权力的左右，要有自主性。池田大作以敏锐的洞察力，在剖析了现代教育的本质和所存在的功利主义的弊端后指出，教育之本是为了孩子，而不是“国家的专有物”。换言之，教育的目的并不是国家、社会、政治、经济世界和文明等等，而是对人生意义的追求。①

（二）教育革命的前提在于人的变革

池田大作指出：“凡自己内心世界不能取得调和与平衡者，在对他人的关系和社会生活中，也会经常播下不和平与斗争的种子。”② 池田大作将教育作为解决这种不和谐的根本出路，相信通过教育，可以引发人们对于社会、对于人性的思考，促使人内心和谐，即完成“人性革命”，进而促进人与人之间、人与自然之间的关系走向和谐。

池田大作的教育理念就是他主张的“人性革命”：“通过教育，提高对人的洞察和理解能力，培养爱心，以利使其成为一个思想成熟的人。有洞察力，可知人的优缺点，向其学习什么，自己警惕什么；理解他人，就会主动助人为乐；有爱心，关爱他人，则会产生幸福感，增强自信心。这样的人活跃在社会上，不仅会产生自我变革的效果，也会帮助他人变得愈来愈好。当然，这要在好事互动的原则基础上，才会取得最佳效果。简言

①王新生：《21世纪东方思想的展望》，北京：北京出版社，2005年，第175－184页。

②［日］池田大作：《池田大作集》，上海：上海远东出版社，1997年，第45页。

之，就是培养有创造性的人才、有爱心的人才和对社会有贡献的人才。”①

因此，为了使“教育的花朵”盛开于21世纪，为了能看到孩子们的灿烂笑容，推进教育改革势在必行。任何忽视人性的教育，无论政治、经济、科学或者是宗教，都有可能蕴藏压抑人性的危险。教育应始终贯穿着“人性主义”的宗旨，并将其视为最重要的事业，努力实现人间革命，使“人性主义”成为时代的先驱，这对于国家发展、对于民族进步、对于社会中个体的成长都将具有独特的作用。

（三）教育的目标是引导和帮助人格的形成

在池田大作有关教育的演讲稿中，开场白往往会旗帜鲜明地提出“教育是为了什么?”对这一问题，可以用“追求人生意义”六个字来概括。池田大作认为，“教育是培养‘人’的事业②”“教育的根本课题在于说明和回答人类应当怎样存在，人生应该怎样度过等这些人类最重要的问题”③。因此他指出，“教育者应该致力的最重要的事情不是‘讲授某个学科的知识’，而是‘教育人’本身，就是使受教育者的人格健康向上，德才都得到开发”④。教育的终极目的是造就人，对于人来说，磨炼知性、丰富知识固然重要，但他坚信更不可欠缺的是伦理和道德方面的修养⑤。

可见，池田大作所重视的教育，更为突出地体现在健全人格的塑造及培养上。池田大作对于人格的诠释有很多，包括“坚强正义之心”“必胜之信念”“谦虚、忍耐”“勇敢的挑战”“率直的心”“人性”“心、知性、身体的调和”等。总之，人格、智力与哲学——毫无偏颇的人性的发展与完成，这种“教育”才能滋润一切。也有学者认为，学生人格养成的内涵

---

①贾蕙萱：《池田大作研究论文集》，香港：香港社会科学出版社，2004年，第182页。

②[日] 池田大作：《教育之道、文化之桥》，北京：作家出版社，2002年，第54页。

③[日] 池田大作，[英] 汤因比：《展望21世纪——汤因比与池田大作对话录》，北京：国际文化出版公司，1985年，第60-61页。

④[日] 池田大作，[英] B. 威尔逊：《社会与宗教》，成都：四川人民出版社，1991年，第148页。

⑤[日] 池田大作，[德] 狄尔鲍拉夫：《走向21世纪的人与哲学——寻求新的人性》，北京：北京大学出版社，1992年，第226页。

总括而言，就是培育德、智、体、群、美五育并重的“全教育”，以追求真、善、美、慧、圣五德具备的“全人格”①。

池田大作继承了牧口先生的教育理念，主张能过教育，提高学生洞察力、理解力，培养其爱心和同理心，以利于使其成为一个思想成熟、人格完善的人。有了洞察力，就可知人的优缺点，从而了解向其学习什么，自己警惕什么，取长补短，不断进取；理解他人，就会主动帮助别人，以助人为乐，享受内心的和平与喜悦；有爱心和同理心，则会更加关爱他人，从而产生幸福感，增强自信心。这样的人活跃在社会上，不仅会产生自我变革的效果，同时也能帮助他人变得愈来愈好。例如周恩来总理的人格魅力激励了几代人，感染了很多人，其影响力连对手都为之感染钦佩。简言之，教育就是要注重人格的塑造，培养有创造性、有爱心、对社会有贡献的人才。

二、三位一体的终身教育——人生教育思想的载体

“教育不是由学校单方面来进行的，必须配合家庭的教育和社会的支持，才能够实现真正为了‘儿童幸福’的教育。”② 池田大作从注重人格培育的人生教育原点出发，积极倡导大教育观，即家庭教育、学校教育及社会教育三位一体的教育模式。

（一）家庭教育是一切教育的基础

家庭是人的第一个生活环境，是人首先接受教育，而且又可以对其终身施教的地方。“养不教，父之过”正是说一个孩子的成长和教育，家庭有义不容辞的责任和义务。家长是孩子的第一任教师，是长期的教师，是终身的教师！因此，家长要对孩子的人格发展加以正确引导，使其自由地发展个性，多方面地健康成长。当然，家庭教育没有学校教育系统、专业，但是也不能由此遭到忽视，而彻彻底底地变成学校教育的转包单位，

①池田大作思想研究论文集（第二册），台北：中国文化大学池田大作研究中心，2006年，第97－118页。

②［日］池田大作：《教育的荣光——池田大作谈教育文选》，吉隆坡：马来西亚创价学会，2005年，第84页。

因为家庭教育对孩子的个性、人格、意志、品性等方面的影响是学校教育所远不能及的。

池田大作十分关注家庭教育对学生成长的影响，他把家庭教育看作整个教育必不可少的一个组成部分，认为其对人生的发展道路有着深远的影响①，并且一直认为家庭教育有着学校教育不可替代的功能，学校教育要把重点放在开发人的生命的智能上，而家庭教育则应把重点放在“为人的全面发展教育进行不懈努力”上。池田大作呼吁对家庭教育高度重视，认为家庭教育是各种教育中最完善的“育人教育”“灵魂教育”，其主要内容就是父母通过自己的生活态度、礼仪和风范，使孩子树立正确的人生态度。

池田大作的家庭教育理念强调“母亲是最高的教师”，对于母亲而言，家庭是最重要的教育场所，要自觉到自己是负有最高使命的教师；他主张“父松母严”，强调伟大的母亲未必有学问、有教养，因为平凡而伟大的母亲处处可见；强调儿童不是父母的所有物，而是一个人格，至少是“对等的人格”，是可以尊敬的存在，因此家庭教育的根本是“帮助子女自立的教育”；主张教育方法是和平主义的实践，反对由上而下的管教方式。

（二）学校教育要有正确的师生观

教育是一种社会现象，是培养新生一代从事社会活动能力的整个过程，自从有了人类就有了教育。学校教育在体现政治意志、宗教观念、道德取向、人生价值追求和做人的原则等方面，在传授科学文化知识的基础上开发学生的智力、发展学生的思维和能力方面，在适应社会需求和经济发展方面都有举足轻重的作用。

池田大作知道严师出高徒，对教师要求严格，对学生期待值更高。他把教师看作是教育的首要条件，是最重要的“教育环境”，认为教师在学生的成长中起着重要的作用。强调教师要有比较高的素质修养，要懂得教育是爱的共鸣，是心与心的呼应，是人格魅力的影响。教师要注意与学生的相互交流，要充分理解和尊重学生，这样才能成为一个值得学生尊重的人。总之，池田大作主张“师弟不二”，即教师要把学生当作自己的孩子

①王新生：《21世纪东方思想的展望》，北京：北京出版社，2005年，第175－184页。

一样，应该怀着慈爱之心，进行知识和品德教育，学生则要尊敬教师，努力学习。这样，学校才会办得有声有色，业绩突出。①

可以说，学校是促进青少年健康成长的场所，但我们必须清楚地认识到其功能在于促进，并非包揽，学校教育只是对学生实施教育的一个重要环节，而并非全部，教育不是由学校单方面来进行的。一个成长中的孩子在学校是一名学生，同时他也是家庭中的孩子，是社区中的人，学校、家庭和社会都在影响着他的成长。因此，追寻教育的实质，不得不重申，除了学校，必须配合家庭的教育和社会的支持，学校、家庭和社会都必须承担起应有的责任，才能够实现真正为了青少年幸福的教育。

（三）社会教育是重要的组织部分

除了家庭的基础教育以及学校的常规教育之外，还需要以社会的实际体验来培育孩子们的人格，因为脱离现实社会中的生活基础，只是掌握知识、学习理念，往往会陷于为知识而知识，导致在概念的世界中游戏的结果。其实社会教育是多方面、无处不在、随时发生的，社会发展的动向、社区的一次活动、社区人群的生活习性、社区发生的某一事件和人们对此的评价和看法，对孩子来说都是一个生动活泼的教育过程。如今的孩子常被指责不善于处理人际关系，一切以自我为中心。因此，要让孩子们在与自然和社会直接接触的实际体验中，切实地体会到自己的行动有益于社会，这将树立孩子们的自信，成为他们心灵成长的坚实基础。

池田大作经常强调并呼吁将“为社会的教育”改变成“为教育的社会”，认为这是解决教育弊端的最好办法。“为教育的社会”是建设一个培养人才的理想社会的根本。当然，人才的培养最终是为一个美好社会服务的，“为社会的教育”从向社会输送优秀人才这一角度出发，也有一定的道理。但人是社会的主宰，“为教育的社会”则主要强调育人，把人置于更为重要的地位。而“为社会的教育”与“为教育的社会”相比较，前者显得被动。如果用一棵大树来比喻，后者是根，前者是枝叶，只有有了粗壮的根，才能看到枝繁叶茂的大树。进一步分析，全社会齐心协力，从各个角度支援教育，培养更多有教养、有丰富知识的人才，不仅会提高人才

①贾蕙萱：《池田大作研究论文集》，香港：香港社会科学出版社，2004 年，第 187 页。

的素质，还可以提高整个社会的档次①。

当今社会科技发展日新月异，人的思维多元化了，人的知识也层次化、复合化了，光靠学校教育已无法完成培养现代人的历史重任。在大教育观的前提下，整个社会可以看作是一个大的教育体系②。人性的磨炼不应当全委托于学校，而应当作为家庭、地区乃至整个社会的问题提上日程。因此，三者之间要紧密联系、相互协调、经常沟通，以使理念合拍、形成合力，这种三位一体连携的人生教育途径，克服了通常教育只由单一的学校教育承担的弊端，使得人生教育在学校、家庭和地域社会全面推进，以形成共同培育青年健全人格的良好氛围。

（四）终身教育是教育的有效延伸

池田大作认为，要创造出有价值的人生，仅靠在学校阶段的教育还是不够的，关键在于人要终身不断学习，使教育贯穿终身。每当他想到那些由于经济和时间的原因而在青少年时代未能充分受到教育的人们，就不由得不痛感到，必须要有能让群众一边从事职业，一边进行学问研究的制度，即有能力和愿望的人可以平等地从事学问的所谓终身教育的制度。建立和充实这种教育制度，会是一种消灭知识分子和群众之间隔阂的方法。③

他还认为，要开发和发展个人的才能，让一个教师教几十名青少年这种现代学校教育的办法恐怕是达不到目的的。人的能力各不相同，每个人有他自己的某些长处和天资。大概可以说，如何使每个人内在的长处和天资在生活和实践中得到发挥，这是关键。无论在家庭还是在学校，周围的人应该注意，不要只是用学习成绩好坏来评价儿童。池田大作注意到，学生时代的优等生不见得就是人生的成功者，这个事实就证明了这一点。许多人在学校读书时并不引人注目，但到了中年或晚年以后才表现出才华。再有，学问本身也是日新月异的。在学校学过的知识，经年累月之后变成

①贾蕙萱：《池田大作研究论文集》，香港：香港社会科学出版社，2004年，第187页。

②曾峥：《论池田大作的现代教育观》，载《肇庆学院学报》2004年第25卷第6期。

③[日] 池田大作：《人生箴言》，卞立强，译，北京：中国文联出版社，1994年，第131页。

了落后时代的无用的东西，这种情况也不少。①

总之，教育的目的不是传授知识，而是指导人们掌握能以自己的力量去运用知识的能力，是给人打开知识宝库的钥匙。在学问的道路上，终身学习最为重要的就是掌握学习的方法，因为现代信息技术正以前所未有的速度发生变迁，今天还属于必要的知识很快就会被淘汰，要想成功地应付多变的现实，必须掌握基本的思考方法。

三、以教育开拓世界和平——人生教育思想的归宿

池田大作是一位积极倡导和平的使者，他倾注毕生精力和心血维护世界和平，几十年如一日，不遗余力地反对战争，争取世界持久和平，促进各国文化教育事业的交流和发展，曾多次与各国领导人、著名学者、友好人士进行诚挚而认真的会谈。先后获得 5 次世界级的和平奖，其中联合国授予的和平奖就有 2 次，世界各国授予他的各种奖项在 1500 项以上，被公认为著名的国际和平活动家。

（一）建立“教育联合国”

池田大作以崭新的概念和价值理念提出了教育权独立的设想，提倡在以往的立法、司法、行政三权的基础上加上教育权的四权分立方法。他认为在对国民的精神形成乃至文明形成都会产生重大影响的教育领域，也应当建立避免政治权力介入的独立的体制，这是培育下一代承担建设重任和具有全人格青年的一种非常重要的决策，而且在三权之上加上教育权，采取四权分立也是合乎理想的。

池田大作所关心的不是制度，而是就教育所应依据的理念与目标加以探讨。他热切希望各个教育机关也能配合联合国，尽早将这些全球性的重点课题排入课程表中。例如，①“和平教育”：教导战争的残酷与无意义，使非暴力精神生根于社会。②“环境教育”：学习自然生态的现状以及环境保护对策。③“开发教育”：消除贫穷与全球性不公平。④“人权教

①［日］池田大作，［英］汤因比：《展望 21 世纪——汤因比与池田大作对话录》，北京：国际文化出版公司，1985 年，第 61－62 页。

育”：学习人类平等性与尊严性等4项课程①。

总之，池田先生深信，国际的教育交流与协作，是实现教育神圣使命的重要途径。为了人的全面发展，为了世界的和谐安定，“教育联合国”的建立是至关重要的，因为国与国的友好，归根结底还是人与人的关系，而最根本的又在于人与人、心与心之间的坦诚交流。因此，不受国界约束的、发自内心交流的、彼此融会贯通的教育，将有利于在肩负未来使命的青少年中形成立足于全体人类的、超越国际界限的大视野。而且，当这些在大学生活中彼此结成友谊、建立起深厚情感的青年成为各国的领袖时，就可以很好地通过协商与合作来解决各种问题，从而将国家间的纠纷防患于未然，为全世界的和平与发展打下良好的基础。

（二）培养“世界市民”

促进世界公民的伦理，是池田大作教育事业的一个焦点。所谓世界公民教育，就是要培育全球人类共同体的归属感与责任感。怀有身为世界公民的自觉，人便会强烈认同人类共通的人性，打从心底关注世界和平与繁荣。毕竟，导致战争出现的主要原因，就是无法看到他人所拥有的人性。

那么，“世界市民”的条件是什么？池田大作几十年来在与世界上许多人士的对话中，不断地思考这个问题。他认为那绝对不是靠能说几个国家的语言，旅行过几个国家就能断定的。在他的朋友中，有许多是从未踏出国门，但都怀有祈愿世界和平与繁荣的大愿，为此贡献心力的伟大庶民。所以，他总结到，所谓的“世界市民”，可以说就是：①对于生命相关性具有深刻认识的“智慧之人”。②对人种、民族、文化的差异，不畏惧、不排斥，而是去尊重、理解，并能视为成长资源的“勇敢之人”。③对受苦受难的人，无论远近，都能给予关怀提携的“慈悲之人”。② 要想努力成为“世界市民”，我们就应当善于向“人”学习，将我们的日常生活看作自己和他人一起向上成长的学习场所，创造机会与他人对话、交流。秉持着这种理念，池田大作在其所创建的教育机构中不断践行着，其

①[日] 池田大作：《教育的荣光——池田大作谈教育文选》，吉隆坡：马来西亚创价学会，2005年，第29页。

②[日] 池田大作：《教育的荣光——池田大作谈教育文选》，吉隆坡：马来西亚创价学会，2005年，第24页。

中以美国创价大学最为显著。

具体来讲，“世界市民”教育内容应当包括“环境”“开发”“和平”和“人权”这些今天人类必须解决的重要课题。在和平教育方面，要把战争的残酷性，特别要把核武器的威胁和裁军的必要性当作中心课题。在开发教育方面，当然要涉及消灭饥饿与贫困的问题，要考虑应当怎样建立人类的经济福利。在环境教育方面，自然与人类的协调应当成为主题。这些主题都是超越国家的界限来探求人类的价值，都是“世界市民”所不可缺少的资质，而且它们是互相联系、互相影响的，其总的目标都是达到人类和平。因此“世界市民”的教育应当看作带有包括以上这些主题的综合的和平教育的性质。

（三）构筑“对话的文明”

世界文明“和而不同”式的共存已成为共识，21 世纪所面临的最大考验是不同文明间如何通过交流与对话，会通与融合，来正确认识文明间的差异性与共通性，人们在这里一定会发现沟通心与心的渠道。用言论和行动来争取和平，看起来似乎绕了远道，但它是变不信任、憎恨和恐怖为信任，是慈爱和友谊的“通向和平的康庄大道”。正确评价不同文明在历史与现实中的互动、互涵关系，将成为促进人类文明进一步发展的必要条件。

因此，要达到和平的目的，只有不断地采取果敢的行动，进行具有勇气的对话。要将自由、权利、人的尊严等提到人性的高度，尊重彼此的不同和差异、互相学习、互相启发的“对话”是不可缺少的。一个人的努力看起来就像水滴那么微小，但它最后能穿透石头，汇成可以冲走岩石的大河。从这个意义上也可以说，构筑“对话的文明”才是 21 世纪人类的重大课题。

在看到憎恶、利害、对立等纠缠在一起的极其错综复杂的现实世界时，构筑“对话的文明”看起来也许是一种不切实际的方法。但是，无论现实有多么困难，我们也要看准时代和潜在趋势，绝不能放弃对变革的挑战。绝不要放弃“对话”，要始终把“对话”当作中心轴。池田大作希望把这样的生活态度渗透到地球社会，构筑人类期待的“对话的文明”。他确信，在这种“对话的文明”的丰饶大地上，谦虚地学习人类的多样性，追求人类普遍的伦理，就会盛开出美丽的“和平文化”的花朵。[①]

总之，教育是建设和平与繁荣社会的根本。池田大作数十年来抓住教育事业是明智之举，他看到了教育所产生的能量，也不断通过自己的行动践行着教育理念，可谓硕果累累。有创造性的人越多，对社会的贡献也会越大，整个社会终将迎来和平、繁荣，实现太平盛世，创造光辉灿烂的文化。

---

①［日］池田大作，［美］杜维明：《对话的文明——谈和平的希望哲学》，成都：四川人民出版社，2007年，第251页。

池田大作高等教育理念的思想架构

张　楠①

池田大作是当代国际著名宗教思想家和教育家。他以佛学生命观为思维基点，把握当代世界的文明状况，坚持现代世界的核心问题仍然是“人这个主题”，社会的经济、政治、宗教、思想、科学等一切活动“都是为了人的幸福而有的”这一人本主义立场②，并将其贯彻到高等教育理念中，构建了“教育是人生至极的圣业”③，大学“要成为人的教育的最高学府”④ 的教育思想构架。笔者试作以下概括。

一、高等教育的根本目的：打开人的自我完成道路的人的教育

世界普遍性的高等教育理念认为，大学教育的根本目的就是传播文化，培养人才。培养什么样的人才，如何理解人的本质和价值，直接反映高等教育目的的定位。近代西方发达国家的高等教育基本沿袭了传播知识、培训能力、提高素质的教育目的轨迹，不同阶段体现出大学教育目的的不同侧重点，培养的人才也显现出明显的文化差异。但由于教育受制于国家权力的控制，强调为国家经济、政治服务的功利主义教育目的，无论

---

①张楠，南京理工大学外国语学院池田大作思想研究所副所长，副教授。

②曲庆彪，［日］寺西宏友：《与池田大作对话人类发展》，北京：中国社会科学出版社，2012 年，第 2 页。

③［日］池田大作：《教育的指针》，台北：正因文化事业有限公司，2000 年，第 9 页。

④［日］池田大作，松下幸之助：《人生问答》，北京：中国文联出版社，2000 年，第 249 页。

是传授知识、训练能力，还是提高素质，归根结底都是培养“物化”的劳动力，“育人”的大智慧下降为“制器”的工具主义。

池田大作反思近代西方国家教育目的的得失，从中体悟出高等教育要克服单纯功利主义的弊端，就必须提升教育的文化品位。要从人与文化、人与教育的联系中揭示教育的本质，即“教育是文化发展的动力，是构成人形成的根干”①。以此为依据来看当代的高等教育，就是仅仅“给予人以知识和技术，忽视了打开人的自我完成道路的人的教育”②。所以，他确定高等教育的目的“就在于人的形成和人的建设”③，大学要成为人的教育的最高学府。这一教育目的内含两个要点：

（一）高等教育目的之立足点，是以对人的本质和价值的彻悟作为根干

池田大作认为，近代西方文明的历史贡献，是实现了人性解放，高扬了人的主体性，但把人的本质仅归结为体现自然力的科学技术，以改造客体的活动取代了主体内在精神世界的养成，忽略了人的终极关怀和价值理想。以这样的文明旨向而形成的高等教育目的，必然凸显工具主义的导向。要克服这一弊端，就要正确把握人与教育、文化三者之间的关系，“以对人的彻底而深刻的洞察和理解作为根干”④。文化创造是人类从野蛮走向文明的根本标志，而教育又是推动文化繁荣和发展的动力；教育和文化承载的主体都是人，人的生命本质是一种文化存在，是文化和教育紧密联系的契合点。人的行为方式体系依据的是“文化”，而不是“本能”，“具有文化，才是人作为人的证明”⑤。文化作为人的生命活动的表征，是科学精神与价值理想的统一。其中科学是人的价值奠基的基础，它的作用

①[日]池田大作，松下幸之助：《人生问答》，北京：中国文联出版社，2000年，第241页。

②[日]池田大作，松下幸之助：《人生问答》，北京：中国文联出版社，2000年，第242页。

③[日]池田大作，松下幸之助：《人生问答》，北京：中国文联出版社，2000年，第3页。

④[日]池田大作，松下幸之助：《人生问答》，北京：中国文联出版社，2000年，第4页。

⑤[日]池田大作，季羡林，蒋忠新：《畅谈东方智慧》，成都：四川人民出版社，2004年，第201页。

是“求真”，指导人在实践上把握客观对象的本质和规律，将人从自然界独立出来，成为社会性的、主体性的存在。价值理想是科学进步的导向，它的作用是“求善”，是满足人性需要的终极关怀。它陶冶人特有的人性与灵性相统一的精神世界，引导人成为对自我、对社会、对人类真正负责任者。人的科学与价值相互作用、相互包容的生命才是“美”的存在，只有真善美统一的生命才是真正意义上的人。

池田大作从人生命的文化本性来理解高等教育的目的，十分准确地抓住了现代高等教育目的性的弊端，即过分功利化地圈定教育是为国家经济、政治服务的“工具”。教育的工具性又必然导致其培养对象的工具性，人被驯化成了接受知识的“容器”、掌握科学技术手段的“机器”，失去了应有的主体性和创造性。爱因斯坦说过：“青年人离开学校时，应是作为一个和谐发展的人，而不是作为一位专家。否则，他连同他的专业知识就像一只受过训练的狗，而不像一个和谐发展的人。而要成为一个和谐发展的人，则需要培养全面的自我辨别能力，而这取决于自由而全面的教育。”① 这位大科学家对高等教育目的的理解，与池田大作这位宗教思想家产生了共鸣。

（二）高等教育目的之实践意义，是培养能承担下一时代重任的人

西方近代文明肯定人的主体性，形成了“知识就是力量”的新理念，它与实验科学结为一体，确立起了“人类支配自然”的思维模式。在这一思维模式的主导下，形成了当代世界市场经济全球化、信息社会化、世界一体化的大趋势。这既给人类社会带来了大量福利，提升了人们的物质生活质量，又导致人类赖以生存的自然环境遭到破坏，尤其是造成了人的伦理道德滑坡，人的精神日益丧失自律性。作为教育家的池田大作，对此更“强烈地感到有一种要立足于‘宽阔胸怀的乐观主义’创造人类光辉未来的责任”②。这就是将科学精神与价值理想统一起来，对现代人的生命观、价值观、自然观进行改造，体现在大学教育的实践上，就是培养能承担下

①《中国大学人文启思录》编委会：《中国大学人文启思录》第一卷，武汉：华中科技大学出版社，1996 年，第 55 页。

②［日］池田大作，季羡林，蒋忠新：《畅谈东方智慧》，成都：四川人民出版社，2004 年，第 202 页。

一时代重任的人。在他看来，现今的大学教育受到西方文明的思维模式的束缚，是专注于让培养对象学会如何“做事”，掌握创造对象世界的本领，忽略了对人的生命价值、人生理想、精神境界的研究，淡化了如何“做人”的教育。所以，他提出：“实行教育的目的是培养承担下一时代的人，从更根本意义上说，是把下一代人改变成为能够承担下一时代重任的人。”① 这样的人，在一般意义上就是国际21世纪教育委员会向联合国教科文组织提交的报告所诠释的：“教育不是把人作为经济工具，而是作为发展的目的加以对待的。它使每个人潜在的才能得到充分发展。这既符合教育从根本上说是人道主义的使命，又符合应成为任何教育政策指导原则的公正的需要。”②

二、高等教育的实现目标：创造价值，争取全人类的和平幸福

池田大作指出：“所有人的生命，都是其他任何事物无法替代的宝贵的存在”，因为“在一个人的生命诞生的基盘上，有着长久的人类历史脉搏的跳动，甚至同宇宙、地球、生物进化匆忙不息的流动相联系”，所以现代人要“从过去的遗产中吸取宝贵的智慧和素材”，还要“反过来再思考一下未来，为缔造人类光辉、永久的社会而尽自己的努力。”③ 这些话揭示了人的生命在宇宙生命大化的秩序中，具有至上的尊严性。因为人在提升自己本质的过程中把潜在的先天灵性发挥出来而成为有意识的生命；有意识的生命联系为社会关系的总和，以实践方式对自然界及生命自身进行改造；这个过程体现着人类文化积淀的过去、现在、未来的历史维度。人生命的尊严性就取决于其文化本性，彰显人是价值创造的主体。基于此认识，池田大作把创造价值、争取全人类的和平幸福确定为高等教育的实现目标。这一目标也内含两个要点：

①[日] 池田大作，松下幸之助：《人生问答》，北京：中国文联出版社，2000年，第272页。

②《中国大学人文启思录》编委会：《中国大学人文启思录》第5卷，武汉：华中科技大学出版社，1996年，第126－127页。

③[日] 池田大作，季羡林，蒋忠新：《畅谈东方智慧》，成都：四川人民出版社，2004年，第296页。

（一）教育，尤其高等教育是创造价值的活动

高等教育展现人的创造本性及其价值，是功利性的经济或技术层面与非功利性的人性和灵魂层面的统一。用中国语言来表述，既有“器”层面的意义，更有“道”层面的意义，是“成物”与“成己”兼顾的全方位价值创造。就是说，人的价值首先体现在创造对象世界的实践中，其成果是在社会中实现并为之承认的。个体的实践成果能否或在更大程度上满足他人和社会的需要，就是他的价值所在；人类的价值就体现在通过整体的创造，来满足每个个体自身发展需要的程度。这决定了教育的功利性，就是为社会进步培养出高质量的脑力和体力劳动者，在推动历史发展中实现人的价值。人在实践中实现了人性的飞跃，创造出自我人格，“自我”真正体现着人的价值尺度就在于人本身。一方面，人创造对象世界的活动只属于生命个体，群体生命的创造活动只能通过个体生命来实现。另一方面，自我人格的内容又是由人类的本性、由他人的创造成果来规定，通过创造对象世界来生成自我人格，是实现人类和平幸福的前提；离开人类“大我”的价值创造及和平幸福的环境，自我人格的生成及其价值实现也是空话。

教育的非功利性作用是提升心灵境界，完善自我人格。借用著名心理学家弗洛伊德的心理结构分析，“自我”由三部分组成：一是“本我”，即自然的本能生命；二是“自我”，即受意识、理性支配本能生命的超生命本性；三是“超我”，即体现社会要求和人类理想的有良知的生命。在这个复杂的运动结构中，“自我”是核心，是人的生命在宇宙大化中生成和跃迁的中轴。它是将自然生命转化为人的生命的归宿点，又是将人的精神、理性自觉融入人类乃至宇宙生命的起点。“自我”体现着人生命的自然性和精神性、现实性和超越性、有限性和无限性的统一，真正代表了人生命尊严的至上性和生命自由的价值性。所谓教育创造价值，最根本的就是发挥教育的非功能性作用，将人的本能生命潜在的灵性和人性发展为理性、良知，去支配生命的自然力，去创造对象世界，并使价值创造的成果不偏离人类福祉的轨道，塑造出自己掌握自我命运的人格自我。

（二）价值创造的重心是新文化建设

池田大作指出：“行动的主体性和自由性，可以说是人的特质”，而体

现“人的特质”的“依据是文化①”。说教育创造价值的深层定义，就是指它能塑造人的文化特质，成为文化发展的动力。“文化是人类创造的复合体。习惯、法律、艺术、道德、科学、宗教等都是构成高度发达的复合体的因素”②。将“文化”的复合体加以划分，不外乎科学和人文两大类。科学文化，是人认识客观及物的本质和规律而形成的知识体系；人文文化是人认识自己、探究人内在的精神世界而形成的知识体系。二者侧重点不同，又是紧密联系、相互融合的。科学是人文奠基的基础，人文是科学发展的旨向，二者共同体现人的生命创造价值的本性。池田大作认为，现代文明的特点是科学技术获得了惊人的发展，但在其背后，人的异化也在可怕地发展，“与物质文明高度发展形成对照，人的精神方面的开发遭到遗忘”。要改变这种现状，就要“由以物质为中心返回到以人为中心”，开发人的伦理感、道德心、诚挚的爱等“内在的力量”③，这急需教育“开拓个人生命这一创造活动”④ 的新文化建设，大学要成为“建设新的伟大文化的摇篮”⑤。“开拓个人生命的文化创造”当然指的是人文文化，这与孟子的见解不谋而合。孟子说：“学问之道无他，求其放心而已矣。”（《孟子·告子上》）指明人文教育的作用就是把人丢失的“心”找回来，摒除在后天环境中染上的种种污淖，恢复人生命本有的纯朴善良的本性，以疏导实践中的主体行为合乎天理人伦。这个任务在现实中有四个相互联系的向度：一是每个人都要通过修习而使身心灵成为有机的整体；二是个人与社会进行宽广而健康的互动；三是人类与自然之间实现持久的和谐共生；四是使人心与天道相辅相成。⑥ 把握这四个向度的统一，进行哲学、宗教、

①[日] 池田大作，季羡林，蒋忠新：《畅谈东方智慧》，成都：四川人民出版社，2004 年，第 203 页。

②[日] 池田大作，松下幸之助：《人生问答》，北京：中国文联出版社，2000 年，第 273 页。

③[日] 池田大作，松下幸之助：《人生问答》，北京：中国文联出版社，2000 年，第 277 页。

④[日] 池田大作，松下幸之助：《人生问答》，北京：中国文联出版社，2000 年，第 251 页。

⑤[日] 池田大作，松下幸之助：《人生问答》，北京：中国文联出版社，2000 年，第 255 页。

⑥引自杜维明“儒家人文精神与文明对话”，收录于《中国大学人文启思录》第 4 卷，武汉：华中科技大学出版社，2000 年，第 90 页。

伦理、文学艺术等方面的研究，把文化创造引向全部人追求更新更高的生活；使个体生命在融入人类和平幸福生活的创造中，在合于宇宙生命大化的秩序中开拓出全部的灵性。这才是高等教育创造价值的应有意义。

三、高等教育的历史使命：一是教育；二是研究

20世纪80年代以来，欧美一些著名大学开始朝着现代化、国际化的方向培养人才，取得了不少成果。但过分功利主义的教育理念，又导致大学教育出现了“生产化”和“学历主义”风潮。对此，池田大作经过深入的反思后指出：“现在的很多大学，由于所谓的教育大量生产化，招致教授与学生之间的关系疏远，作为大学使命的人的教育和研究活动，没有取得充分的效果。”① 由于学生没有搞清楚为什么来大学学习这一根本目的，又导致“偏重学历主义已占有了牢固的地位”“大学毕业的经历已被看作是谋求将来的生活与地位的一种‘保证书’”②。他认为不管世界发生多大变化，教育与研究始终是大学固有的使命。

（一）大学“教育”的使命是培养“全人格能力”的人才

池田大作说：“今天的大学必须首先回复作为人学第一个使命的‘教育’。所谓教育就是向社会输送有为人才的教育。”③ 他提出当今大学的教育使命是培养“学历无法表示的‘全人格能力’的人。”④ 具体说来，一是培养学生具有灵活运用知识的智慧。高等教育的重要目的之一是“知识的创造”，即培养学生用人类创造的优秀文化成果武装自己，在社会实践中开发大自然的潜在能量，实现人的创造价值。大学教授知识是“知识的创造”的重要环节，但知识并不对人起直接的创造作用。人只有通过智慧

①[日] 池田大作，松下幸之助：《人生问答》，北京：中国文联出版社，2000年，第252页。

②[日] 池田大作，松下幸之助：《人生问答》，北京：中国文联出版社，2000年，第245页。

③[日] 池田大作，松下幸之助：《人生问答》，北京：中国文联出版社，2000年，第243页。

④[日] 池田大作，松下幸之助：《人生问答》，北京：中国文联出版社，2000年，第256页。

的力量，灵活地选择和利用知识，才能在实践中真正把自然界的力量转化为自我的力量，实现人的创造价值。所谓“全人格能力”，其中的核心是解放人的创造精神和潜能，这是无法靠书本知识和教师讲课来学到的。教育对象只有在学习中自觉地将知识上升为智慧，在文化创造的实践中亲身体会，才能彻悟。正如中国大科学家钱学森所言：“创造要是成了一门死学问，一门严格的科学，一门先生讲学生听的学问，那么大科学家也就可以成批培养，诺贝尔奖也就不稀罕了。”①

二是让学生体悟“应当怎样做人”的价值判断。池田大作很欣赏中国儒家的教育观，认为它正确阐明了教育中智与德、艺与道的关系。在儒家的教育思想中，“智”与“德”是相辅相成的，是塑造理想人格的必备条件。其中“德”是“智”的导向，“智”是“德”的基础，懂得“应当怎样做人”的价值判断，需要智与德结合，但最终一切智慧的开发者服从和服务于人德性的养成。诚如《大学》开篇所言：“大学之道，在明明德，在亲民，在止于至善。”儒家倡导的育人纲领是“志于道，据于德，依于仁，游于艺”。(《论语·述而》)“志于道”，是说对“道”的追求，即把握客观对象及人生活动的规律是最根本的，这体现人格塑造之“真”；在此基础上“据于德，依于仁”，也就是使人作为主体的认知和实践行为合于宇宙秩序与社会规律，由“真”而向“善”；还要“游于艺”，就是掌握社会生活需要的一些技术和技艺，净化和提升心灵境界，由“真”“善”而上升为“美”，成为真善美统一的具有“全人格能力”的人。1996 年国际 21 世纪教育委员会提出：面对未来社会的发展，教育应围绕四种基本学习加以安排：学会认知；学会做事；学会共同生活；学会生存。“可以说，这四种学习将是每个人一生中的知识支柱”②。可见，池田大作提出的培养“全人格能力”的理念，既是古代东方的优秀教育遗产，也是当代世界高等教育的新思想。

①引自刘仲林《中华传统文化的创造性转化》，收录于《中国大学人文启思录》第 4 卷，武汉：华中科技大学出版社，2000 年，第 159 页。

②联合国教科文组织总部：《教育——财富蕴藏其中》，联合国教科文组织总部中文科，译，北京：教育科学出版社，1996 年。

（二）大学“研究”的使命，是成为发现真理、创造新学问的电源地

池田大作指出：“‘研究’作为大学的第二个使命和目的，意思是说大学是创造新学问的原点，是探讨和发现真理的电源地。”① “创造新学问”是科学的真谛，它作为大学研究的使命，既要重视培养人的创新思维和观察、推理、实验、分析综合的具体技能，以认识和发现真理；更要意识到文化创新是源于精神导向下思想火花的爆发，因而要重视创新的人文因素、环境作用的研究。当今大学的学问研究“仅把探究真理当作绝对目标，并不注重其结果会违背人的福祉”②。这样的研究方向背离了人生命存在的文化本性，造成了真理与价值的偏离、科学与人文的脱节。把探究真理和实现价值统一起来、科学研究和人文研究统一起来，是大学“创造新学问”的基本原则。科学是人创造对象世界而成为主体性存在的依据，但其研究的目的、动力、方法以及对待科学成果的态度等方面，都存在着价值导向，都是人对自然的认识和利用，是以人为出发点和归宿点的。科学研究的动力是人的认识、情感、动力相互作用而生发的，它推动人探索未知世界，形成新理论，创造新技术，提高改造自然的能力。科学研究的方法是严格的逻辑推理和实验证明，但也离不开研究者的直觉体悟和辩证思维；重大科技问题的解决需要跨文化的交流与合作，这里首要的是人与人之间的相互理解、相互协作、相互尊重。科学成果及其应用往往与社会集团、阶级、人群的利益相联系，因而导致人们截然不同的态度。所以，只有将科学与人文相结合，融汇于人的“开拓生命的努力上”而创造新学问，才是大学“研究”使命的正确方向。

四、高等教育的教学原则：使“人学”成为各门学问综合化的原点

高等教育的目的、目标、使命的实现均离不开大学的教学工作。以

①［日］池田大作，松下幸之助：《人生问答》，北京：中国文联出版社，2000 年，第 14 页。

②［日］池田大作，松下幸之助：《人生问答》，北京：中国文联出版社，2000 年，第 243 页。

往，大学教学主要是讲授专业课，培养社会需要的实用人才。其主要弊病是“见物不见人”，即纯客观地学习“物”的知识，不关注人对“物”的态度、人认识“物”的价值取向，更缺乏对人的生命存在及其主体性的自我认识。进入知识经济和信息时代后，世界上一些知名大学开始反思以往教育的得失，为适应时代变化而加大了“通识教育”的比重，展现了许多教育内容调整的新气象。池田大作对此进行了深入体察，提出了“教育的任何课题都必须从人乃至生命的尊严这普遍性的立场出发，并回到这一立场上来”，使“人学”成为“指导各种学问使其综合化”的原点①。贯彻这一基本原则，他主张在大学教学中要做到以下几点：

（一）完善人格，陶冶性情

所谓人格，从教育学的角度来理解，就是指个人通过后天的知识学习、性情陶冶和道德修养而发展生命的先天禀赋，在生活实践的积累中形成的有关人生的态度、意义、价值等相对稳定的个性品质。对于“完善人格”的教育智慧，池田大作很称道古希腊的先哲，认为他们智慧中“当以人为中心，带有很强的伦理性”；不是强调训练人的专门技艺，而是“培养完善的人格，陶冶性情，开发人的个性，不是单独的教，而是引导每个人蕴藏的潜能”②。比如苏格拉底，其智慧的核心是追求灵魂的“至善”，认为人真正的智慧首先不在于认识自然界，而是要开发人的生命本性，把人视为目的；人以理性指导能认识“善”的本质，使自己的行为合于“善”的目的。人追求“至善”的使命是“认识你自己”，即人要对自身的本质和智慧进行反思，从物质利益和肉体的欲望中解脱出来，以合乎理性目的，追求灵魂的“至善”。苏格拉底确立的完美人格、追求灵魂至善的智慧及其志愿为之献身的伟大精神，不仅一直影响着西方理性主义文明的发展，而且是全人类文化教育的珍贵遗产。

在大学教学中将知识内化为人的文化创造潜质，需要心灵世界的情感来支撑。美国的脑科学家，哈佛大学教授丹尼尔·戈尔曼写了一本专著

①[日] 池田大作，松下幸之助：《人生问答》，北京：中国文联出版社，2000年，第272页。

②[日] 池田大作，松下幸之助：《人生问答》，北京：中国文联出版社，2000年，第247页。

《情感智商》，曾风靡世界，认为较高的情商对于人的认知、创造、人格塑造等有积极意义。池田大作对此很认同，认为人的学习、认知活动需要好的心理背景支撑，没有积极的动机、愉悦的情感，就产生不了学习的动力；人的创造力更是激烈情感爆发的火花，需要通过情感修养来发展生命潜在的灵明本性、控制后天的魔性欲望来实现，在大学教育中注重激发学生美与善的情感，以陶冶性情、完善人格是十分必要的。

（二）知性与情操融合

池田大作指出：大学“教育的内容可以说是‘知性’与‘情操’的教育。所谓知性，从根本上说是指作为人的人格的知性。”“就是为了能为社会人、职业人，给予和学到的知识和智慧的教育”。“情操”是指人的心灵的丰富”①。在大学的教学中将“知性”和“情操”融合起来，起码要在两个方面下功夫：

一是要重视文化知识的内化。所谓知性教育，不是简单地教授具体知识和技艺，而是培养学生懂得“应当怎样做人的智慧”，教育他们“培养作为人的理想”②。池田大作赞许中国传统文化的精辟见解，如《周易·贲卦》所云：“文明以止，人文也。观乎天文，以察时变；关乎人文，以化成天下。”“文明”“文化”表达人生命活动的整体智慧，就是将对客体对象和对人自身的认识融合起来，统一内化为人的精神性的、心灵境界的东西。在大学教学中体悟这一古训的境界，从学生方面来说要打破狭隘的“专业”界限，将科学知识与人文知识融会起来，臻入化境。从教师方面来说，要强调将讲授的知识化入学生的心灵境界，讲授自然科学知识时，要将专业知识与社会的国计民生相联系，并宣传科学家献身真理的感人事迹，以激发学生为承担时代重任而奋斗的热情和信心。人文学科从本质上来说，就是人生命的自我观察和领悟，因而它的讲授更要靠师生间的心灵体验、感悟和反省，要在师生间的心灵的沟通与碰撞中提升其价值与创造力。

---

①[日] 池田大作，松下幸之助：《人生问答》，北京：中国文联出版社，2000 年，第 346 页。

②[日] 池田大作，松下幸之助：《人生问答》，北京：中国文联出版社，2000 年，第 242 页。

二是要重视开发人生命中美与爱的禀赋。在人丰富的心灵中，美与爱是相互融合、相互参证的。所谓美，就是人对爱着的对象的心灵感受，没有爱的前提就不会产生美的感受；所谓爱，则是人因为感受到美而引起的一种心理状态，引不起美感的事物就不会对其产生爱。哲学家席勒说过："只有在审美活动中，处于爱的心态中，人才作为人得到实现"①。就是说美与爱根植于人生命的自然本性，开发生命中美与爱的禀赋是人从必然走向自由的康庄大道。在大学教学中师生互动，努力挖掘文化知识中潜在的有关人性、社会、自然界的多种美的因素，激发起人们追求美的爱心，才能塑造健全的人格，发挥文化创造的正能量。中国杰出的教育家蔡元培就曾指出：大学里那些埋头于知性思维而不懂得美与爱的知识分子们，"难免有萧索无聊的状态"，这些人"不但对自己毫无生趣，对于社会毫无爱情，就是对于自己所治的科学也不过是'依样画葫芦'，绝没有创造精神"②。蔡先生的心声与池田大作形成了共鸣。

（三）知识与良心兼备

人类进入21世纪后，信息技术、生物技术、纳米技术迅速发展起来。高新技术这把"双刃剑"，已将人类逼向了生死存亡的十字路口。池田大作这位具有远见卓识的教育家，倡导高等教育要义不容辞地承担起拯救人类和平幸福的重任。他认为在教学中要始终关注"普遍性的作为人的自觉和英知"③，把知识和良心的教育统一起来，"在今天的教育中，太忽视良心的问题"，因而更强调良心的教育。

大学的教育内容有三个相互联系、缺一不可的环节。一是"知"，即学习文化知识，培养人的认知能力；二是"情"，即激发人的情感，培养审美能力；三是"意"，即训练人的意志，树立正确的人生理想和价值。"知"是求"真"，"意"是向"善"，"情"渗透于二者而升华为"美"，其宗旨是培养真善美统一的自由而全面发展的人才。在这三个环节中，

①引自阎国忠：《美，爱与自由》，收录于《中国大学人文启思录》第6卷，武汉：华中科技大学出版社，2003年，第480页。

②蔡元培：《以美育代宗教说》，载《新青年》第3卷第6号。

③［日］池田大作，松下幸之助：《人生问答》，北京：中国文联出版社，2000年，第273页。

“知”与“情”都是手段，体现人生理想和价值的“意”才是目的，因为高等教育的一切活动都是为了将生命的创造本性引向“至善”的轨道。以儒学和佛学为代表的东方伦理，与西方的宗教伦理认定人是犯有原罪的、人性是邪恶的理念不同，确认人有先天的灵明本性，人心中存有追求美好事物与品德的先天秉性。基于此认识，孟子在中国教育史上最早提出了“良心”的概念。池田大作是位佛学思想家，他认为“佛”即是宇宙生命，“它哺育着一切众生，并维持着万物的协调……这种生气勃勃的‘协调’称作‘慈悲’”①。由于人皆有“慈悲”之心，总是希望将潜藏在生命中的苦恼根除。这有两个向度：一是将众生的苦恼看作自我心中的同苦，而寻求如何拯救他人以形成智慧，生发出自我生命的充实感和喜悦之情，即佛法所谓的“同苦”“与乐”的境界。二是“慈悲”之心付诸实践，能开发出人生命在宇宙大化中诞生的本原欲望，它与慈悲的欲望相联系，可以增强人生命的创造性，支配生命内在的魔性欲望向本原欲望靠近、升华，发展人的生命追求“至善”的本性。池田大作依据佛法所阐述的“慈悲”之心，与孟子的“良心”说殊途同归，都是倡导以教育手段将文化创造中的知识和良心融合起来，将人的生命价值的可能性开拓至极限。

五、高等教育的改革设计：在人与环境的相互作用中开拓创造价值的大道

池田大作发挥佛法的“依正不二”论，强调人和环境始终是融合为不可分割的一体来运动的。② 正确理解人的生命及其价值创造性，必须把握人与环境的相互关联性：一方面，人是由于环境的保护和支持，才能成长、发展的；另一方面，环境也有待人的生命的推动，才会形成和改变。因此，“要造成什么样的环境这一主体的干预方式和责任，可以说完全在

①[日] 池田大作，季羡林，蒋忠新：《畅谈东方智慧》，成都：四川人民出版社，2004年，第184页。

②[日] 池田大作，[英] 汤因比：《展望21世纪——汤因比与池田大作对话录》，北京：国际文化出版社，1995年，第12页。

人”①。他以这样的思维基点来考察当代的高等教育，提出了以人的主体创造方式去适应并超越现实教育环境的高等教育改革的设计。

（一）高等教育改革的根本旨向，是改造人性、追求全人类的和平幸福

当今世界经济全球化的大趋势呼唤着超越种族、民族、阶级的人类普遍利益和价值，生成体现全球化伦理的“类意识”。在“类意识”的前提下，要求全球化的参与者对人类的生存发展承担责任，责任意识是“类意识”的首要表现。全球责任意识体现在世界政治经济秩序的建设上，就是全球化参与者应共同遵守的公正性、合理性、自我约束性等道德原则。这些归根结底要落实到个体生命的“人性革命”上，塑造其对人类和平幸福负责任的健全人格和道德良心。池田大作认为创造价值的高等教育要义不容辞地承担起这样的责任，要适应时代变化和国际教育的大环境进行改革。但改革的根本旨向不是办学方式、育人模式、课程调整等形式上的花样纳新，而是推动“人性革命”，培养一批批为人类和平幸福负责任的公民。他的这种认识是基于对个体生命的内在觉醒：人的生命本性是一种文化存在，但在自然经济条件下造成文化的本质是一种血亲文化。人们对生命尊严的认识不是基于生命本身，而是以血缘和情感为基本原则，形成了不同的、不平等的社会人群。这些人群均以自身的利益和情感为基本趋向，漠视其他人群生命存在的独立性，造成了社会生活中的战争和暴力、社会人群的贫富对立以及强权政治、文化歧视等普遍现象。资本主义生产关系确立后，把人从封建专制下解放出来，但随着物质文明的进步，人性解放又变成了个人主义的自由放任，使得人与人之间的暴力、人与自然之间的对立成为司空见惯的世态。克服历史发展中人与人之间的“利己心”，形成相互间“如我等无异”的觉悟，不能靠理性、社会规范的外在约束，只能靠人们内心的自律。另外，从个体生命的本性来看，欲望是人生命的活力。欲望本身无所谓善或恶，但欲望如何满足，满足后的实际效果却可能成为善或恶。池田大作依据欲望对人性生成的作用，将其区分为魔性的欲望和本原的欲望。魔性欲望既包括人生命的本能欲望，也包括后天生成

①［日］池田大作，季羡林，蒋忠新：《畅谈东方智慧》，成都：四川人民出版社，2004 年，第 196 页。

的更具有人性的精神性欲望。它们隐藏于人生命的底层，倾向于人和宇宙的分裂，彰显着人是宇宙中心的欲望冲动。本原欲望“是人的生命沉浸于产生它的大宇宙生命之中，并与其相融合或企图与其相融合的根本性欲望”①。这两种欲望相反相成，形成了生命自身的利己主义与利他主义的冲突。解决其冲突的办法也不能靠外在的强制力，只能通过“人性革命”，促使生命的魔性欲望不断向本源性欲望转化。高等教育的根本旨向就是实施对人性的改造，实现这样的理想：“以人类利益为立足点，以完善人格为目标，培养能建设和平国家以及社会、能热爱真理和正义、尊重个人价值、勤劳、尽责、富有自主精神、身心健全的国民。”②

（二）高等教育改革的实践拓展，是通过“对话”来建立“教育联合国”

池田大作在“人道主义及21世纪的地球文明”研讨会贺词中指出：步入21世纪，虽然社会的物质文明有了长足的进步，但是，“战争、纷争这些‘直接的暴力’以及贫穷、饥饿、压制、歧视等‘构造的暴力’，容忍这些直接的暴力、构造的暴力及将之正当化的‘文化的暴力’，正在现实上存在着。”③ 为此，池田大作倡导各个国家都能“从发挥本民族特点，能否为世界人类做贡献，作为地球家族一员的自觉出发”④ 而进行“对话”，建立“教育联合国”，这才是高等教育改革的实践取向。

“对话”的原意是古希腊的苏格拉底、柏拉图哲学中的辩证法。“对话”是发生在两个以上主体间的事情，主体之间的差异会通过对意义理解的差异而显现出来。各方谁都无法将“对话”的内容事先全部安排好，谁也不知道“对话”的结局如何，而是通过各方相互讨论、争辩、影响、渗透，在统一中求差异，在差异中求统一，各自突破对原有意义理解的局限

①[日] 池田大作，松下幸之助：《人生问答》，北京：中国文联出版社，2000年，第273页。

②[日] 池田大作：《时代精神的潮流》，香港：商务印书馆（香港）有限公司，2005年，第316页。

③梁桂全：《以人为本与21世纪全球文明——2010’池田大作思想研讨会文集》，北京：中国社会科学出版社，2010年，第1页。

④[日] 池田大作，松下幸之助：《人生问答》，北京：中国文联出版社，2000年，第4页。

性，在“对话”中获取新的意义，达到新的意境。“对话”的思维方式与池田大作倡导的“因缘和合”的佛法相结合，应用到当今世界高等教育的相互交流上，主张抛弃语言、宗教、生活习惯等造成的差异，以平等慈悲的爱心对待一切人，这有助于清除现代社会流行的自我中心主义，有助于建立人与人之间的亲和关系，从而促进全人类的和平幸福。

1993 年的第一次世界宗教会议，讨论人类走出“全球性问题”的危机的终极关怀原则，达成两点共识：一是“恕道”原则，即儒家倡导的“己所不欲，勿施于人（《论语·颜渊》）”。二是“仁道”原则，即儒家倡导的“己欲立而立人，己欲达而达人（《论语·雍也》）”。作为宗教思想家的池田大作对此有深刻的体悟，他自觉地将全球宗教界共识的两个原则落实到高等教育的实践拓展上，主张通过建立“教育联合国”以培养“地球市民”。所谓“地球市民”，就是能深刻认识生命相关性的“智慧的人”；能尊重和理解人类生存发展中的各种差异，并以此为自我成长资源的“勇敢的人”；对于所有受苦受难者能予以关爱的“慈悲的人”。[1] 这样的“地球市民”走向社会，在各种不同的社会组织中，去引领社会大众在“创造对象世界”的活动中也改造人的主观世界，就可以将现代科学技术的应用引向为全人类谋幸福的大道。

（三）高等教育改革的制度保证，是提倡教育权独立

在东西方文化的通常理解中，教育的性质往往有双重规定：一是教育属于国家的上层建筑，是意识形态的重要组成部分；它直接从属于国家的政治权力，是为社会的经济基础服务的。这种性质，凸显着教育的功利性。功利性的教育实施工具主义的人才培养模式，成为实现国家政治经济目的的重要手段，在特定条件下还可能走向人类福祉的反面。二是从人生命的文化本性来理解教育，它是完善自我人格、创造文化价值的活动，在上层建筑中有相对的独立性，对社会经济基础有现实的超越性。在东西方的古代教育史中，古希腊和中国“都以人为中心，带有很强的伦理性”[2]，就体现着教育创造文化价值的本性。

池田大作十分注重从文化的层面来理解教育，强调“教育是文化发展

①② ［日］池田大作，松下幸之助：《人生问答》，北京：中国文联出版社，2000 年，第 249 页。

的动力，是构成人的根干”。他对“二战”前的日本，“站在国家立场上的教育”沦为军国主义的附庸，为发动侵略战争服务的教育而深恶痛绝。所以，他主张“教育必须根据独立于国家权力之外的独特立场来组织。”① 特别是在高度国际化、现代化的今天，高等教育更要立足于全人类的视野，遵循自我的发展规律，创造充分的学术民主和学术自由的环境，以“培养站在全人类立场上的人”，进而提出“倡导教育权独立”，是实现高等教育改革的理想目标——建立“教育联合国”的制度保证。

①[日] 池田大作，松下幸之助：《人生问答》，北京：中国文联出版社，2000 年，第 277 页。

池田大作“和平教育”视域下的青年价值观教育

郑文娟①

和平与发展是当今时代的主题。池田大作长期致力于推动和平、文化、教育事业的发展，通过创办教育体系来实践其和平的主张，逐渐形成了其“和平教育”的思想。池田大作的和平教育是一种帮助人们理解、尊重和接受不同文化之间的差异，鼓励人们去了解、尊重、关心和帮助具有不同文化的人，激励人们尊重生命和人的尊严，弘扬自由平等和团结合作精神，共同推进世界和平的教育。池田大作很重视年轻人，因为他期待着“青年正是开创新的时代，扮演创造伟大历史的角色”②。将和平教育融入青年价值观教育的过程中，是推动青年价值观教育时代化的需要，也是提升青年和平价值观、增强教育感染力和辐射力的需要。

一、青年和平教育的重要性

青年就是未来，对青年进行和平教育是构建世界和平的重要组成部分。池田大作认为，教育是为了和平而存在，“怎样在生活态度中，烙印这和平的重要性——也就是教育怎样为了和平而存在，我们应该把这样的

---

①郑文娟，南开大学马克思主义学院办公室主任、周恩来·池田大作研究会指导老师。

②[美] 杜维明，[日] 池田大作：《对话的文明》，陈鹏仁，译，台北：正因文化事业有限公司，2014 年，第 37 页。

问题作为教育构思的观点”①。在青年教育中融入和平教育的内容是和平重要性的体现，是教育的本质所在。

（一）和平教育的原点是“人”的教育

池田大作牢记恩师户田先生的遗愿，将教育作为毕生的事业，创办了创价大学、创价女子短期大学、美国创价大学、东京和关西的创价学园（包括小学、初中和高中），还在很多国家创办了创价幼儿园，形成了“创价一贯教育”体系。创价教育一贯重视“人”的教育，将“人”作为教育的主体。池田大作于1990年5月28日在北京大学的演讲“教育之道、文化之桥”中指出：“开拓未来，维护未来，其主体在于‘人’，而造就‘人’的事业正是教育。启发、锻炼‘人’内在的无限潜能，把它导向创造价值的方向，就是教育。教育是建设社会、决定时代最根源的力量”②。

池田大作指出，以人为本的教育更要正确理解人的本性。人的本性“不仅关乎教育，也是关系到人类社会根本的重要问题”③。池田大作在与顾明远的对话中谈到，关于人性论问题，自古就众说纷纭，中国大致分为以孟子为代表的性善派、以荀子为代表的性恶派和以告子为代表的不善不恶派。池田大作认为，虽然孟子和荀子在人如何发现本性上的思想不同，但是“在涵养与陶冶人性需要广义上的‘教育’这一点上”是一致的，也就是，“教育才能使人变得更像人”④。

当代世界存在弱肉强食的现象，地球社会也面临错综复杂的危机：战争、环境破坏、民族主义、贫富差距、宗教差异及语言不同而引发的误解等等，错误的根源在于忽略了“人”这一根本出发点，缺乏站在人的角度思考问题，进而丧失了人性。池田大作认为，教育要回归人性本身，教育学生绝不损人利己，“现代教育不能迷失强化和教育善心之路，不能让教

①［日］大崎素：《池田大作先生的和平教育论》，载“池田大作思想与亚洲教育”学术研讨会论文集，2006年，第6－7页。

②“教育之道、文化之桥”，池田大作中文网，1990年5月28日，http://www.daisakuikeda.org/chs/lect－beijing－1990.html，2017年4月2日。

③［日］池田大作，顾明远：《和平之桥》，北京：教育科学出版社，2014年，第165页。

④［日］池田大作，顾明远：《和平之桥》，北京：教育科学出版社，2014年，第166页。

育仅仅传播知识而为欲望所驱使”①。池田大作从陶冶和强化善、打破恶的教育观点出发，经常规劝青年学生“学习东西方人类的睿智，主张人间主义、和平、人权、正义、勇气、友情的重要性”②。他还认为教育“不应该只肯定那些适应市场经济运行的人，只以他们为胜者，而应该追求发扬每个人的个性、造就闪耀着多样性的和谐社会”③。所以，为和平而教育，和平教育必须从“人”这个原点重新出发。

（二）实现和平教育的关键是青年

青年是中日友好世代传承的寄托，池田大作非常重视对青年一代的教育，重视发挥青年的骨干作用。池田大作以“人生的所有事业是教育”为指针，全力奋斗，他注重教育，期待青年能够成为世界和平的种子。池田大作指出：“有位哲学家预言，新世纪的来临，将掀起‘青年热’。我认为‘青年的热度’将决定‘世界的温度’。青年们热情高涨，青年与青年之间热情的交流，对于促进世界和平、友好和进步，将发挥重要的作用。”④

池田大作将中日两国关系乃至亚洲与世界的和平事业都寄望于青年。他在 1968 年的“池田倡言”中，向肩负中日邦交正常化重任的日本青年讲述自己的中国观，阐述邦交正常化过程中日本应该选择的正确道路，提出“建立超越国界的友情”之伟大目标，就是对青年们进行了和平教育，鼓励中日青年为中日友好、世界和平而不懈努力。

和平教育对于青年的影响贯穿在青年交流中，青年交流在中日两国友好关系的稳定发展中发挥着重大作用，跨越国界、跨越制度差异、跨越时空的青年交流，是两国政治关系发展的强大推动力。为此，池田大作不遗余力地推动中日两国青年交流以及双方的文化和教育交流，他创办的创价大学于 1975 年接收 6 名中国公费留日学生，成为日本最早接收中国公费留学生的大学。此举不仅增加了青年间的交流，更有力地促进了青年教育，时至今日依然影响深远。1985 年时任共青团中央第一书记、中华全国青年联合会主席的胡锦涛，率领中国青年代表团到日本访问，与日本创价学会

①②③［日］池田大作，顾明远：《和平之桥》，北京：教育科学出版社，2014 年，第 170 页。

④蔡德麟：《东方智慧之光 池田大作研究论纲》，北京：清华大学出版社，2003 年，第 160 页。

签订了交流协议书。协议书确认，为了发展中日友好的协作关系，此后五年内每年互派代表进行友好访问，并且日方从此接纳全国青联每年派出两名代表到创价大学留学。一向重视青年友好交流的池田大作听到这一消息特别高兴，他本来正在外地，立即变更行程特意赶回东京接待中国代表团。

（三）和平教育的目的是教育青年的和平价值观

“为和平而教育，由教育而和平”是池田大作和平教育思想的核心观点。池田大作认为，教育的全部价值在于追求社会和平、人类进步和人类幸福。池田大作一向强调和平教育与青年之间的重要关系。他强调：“教育的根本目的是在青年胸中培养人类爱和献身人类社会的精神。”① 并说：“要把一切知识导向创造人类幸福与和平，唯一的原动力就是教育。”② 在池田大作的眼中，教育的最终目的和人生的目的相同，那就是获得“幸福”。这个想法也是创价教育之父牧口常三郎的教育理论基础。这里所说的幸福，并不是无忧无虑、得偿所愿的一种肤浅状态，而是指在陶冶与深化人性中所获得的充实感。因此，池田教育哲学的本质，在于确保人人都度过幸福有意义的人生③。

战争是由人引发的，和平是由人创造的，实现和平关键在于教育致力于培养什么样的人。对此，池田大作认为，教育应该培养有一颗向“世界开放的心”的人，是“地球市民”。池田大作对“地球市民”的解释如下：①能够深刻认识生命相关性的“智慧之人”。②对人种、民族、文化的差异，不是畏惧、排斥，而是去尊重、理解，并视这些差异为成长资源的“勇敢之人”。③对受苦受难的人，无论远近，都能给予关怀提携的

①［日］池田大作：《池田 SGI 会长与尼泊尔大学副校长会谈》，圣教新闻（日本），1994 年 10 月 12 日，第 3 版。

②［日］池田大作：《美国哥伦比亚大学的演讲：探讨“世界公民”的教育》，圣教新闻（日本），1996 年 6 月 16 日，第 3 版。

③《为何需要教育》，池田大作中文网，http://www.daisakuikeda.org/chs/why-education.html#sdendnote3anc，2017 年 4 月 3 日。

"慈悲之人"①。池田大作认为，让青年经受教育的培养和熏陶，成长为"地球市民""世界公民"，教育青年的人类命运共同体意识和世界责任意识，和平思想才能实现。换句话说，和平教育就是要培养青年的和平价值观，在青年接受和认同和平思想以后，经过青年自身的消化和吸收，内化为自觉的和平价值观，外化为自觉的和平行动，为建设和谐美好的未来而奋斗。未来的世界需要青年去创造，青年的和平价值观对于和谐世界的构建至关重要。

二、和平教育在青年价值观教育中的功能分析

和平教育与价值观教育之间是紧密联系的，推进青年价值观教育就要发挥和平教育的育人功能，主要包括引导功能、唤醒功能和驱动功能。

（一）引导功能：帮助青年树立正确的历史观

引导功能是指通过和平教育与实践，引导青年理性认识历史，树立正确的价值观。池田大作是世界和平使者，他创办的创价教育机构、发表的"和平倡言"、在海内外知名大学和研究机构的演讲、与世界知名人士的对话……都引导着青年要互相尊重差异、互相理解对方、互相学习对方的长处，共同创造和平的世界。历史的恩怨是抹不去的记忆，青年是新生力量，但由于其涉世未深，很容易受到不法分子的鼓动，滋生民族主义情绪。现实生活中的很多冲突也被误认为是历史恩怨的延续，进而造成相互的猜忌，很难做到相互尊敬。池田大作的和平教育思想和实践能够帮助青年正确地理性看待历史，放下历史的恩怨，尊重历史，以史为鉴，开创人类和平幸福的未来。

和平幸福是人类生活的永恒主题，池田大作坚定指出教育是实现人类幸福、世界和平的重要途径。经历过第二次世界大战的他经常强调战争带给人类的毁灭性危害，反思战争对于人类的惨痛教训，教育未经历过战争的青年要有宽阔的胸怀。池田大作劝告青年，要放眼世界，做一个堂堂正正的国际人，"要抛弃语言、宗教、生活习惯等造成的人的'固执与差

①《探讨"世界公民"的教育》，池田大作中文网，http://www.daisakuikeda.org/chs/lecture-24.html，2017年4月5日。

异’，而对一切人予以‘爱’——也即‘大爱’‘博爱’，换言之，也就是要有‘慈悲之心’’”①。他进而指出：“战争和暴力所产生的悲剧，不只是时间的问题，仇恨招来仇恨，暴力必将带来新的暴力——这是过去历史给我们的重要教训。如果我们不能截断此种恶性循环，截断‘仇恨的连锁’，就不可能得到真正的和平，将永远无法消除人们心中的恐怖和猜疑。”② 只有通过教育引导青年树立正确的历史观，启发人们内心的“善”的力量，激起青年对幸福的强烈愿望，才能达到和平的共识。池田大作还强调：“从陶冶和强化善、打破恶的教育观点出发，常常劝导青年学习东西方人类的睿智，主张人间主义、和平、人权、正义、勇气、友情的重要性。”③

（二）唤醒功能：帮助青年自觉树立科学的人类观

青年是人类社会的动力和希望，所以青年的价值选择，从根本上来说将直接影响到人类的精神价值走向。因此构建现代社会和谐家园的重任关键在于青年的选择上，青年应该把人类的和谐共建当作自己的根本使命，真正推动未来社会的人类全面进步。由于现代社会、生活以及学习的变化，青年的价值取向呈现多元化，如果不加以科学引导，将不利于教育青年内心的和平价值观。在当今的和平年代，和平是一种生活态度和道德素养，既要与人和善，建立人与人之间的合作友爱，又要胸怀世界，共建人类和谐的画面，而和平教育是唤醒青年人类共同体的直接手段。

池田大作将弥漫战争硝烟的20世纪称为“战争与暴力的世纪”，期盼21世纪能够成为“和平与共生的世纪”。和平共生世纪的到来，需要教育帮助人们真切认识到和平作为人类社会价值的共同性。和平不是某个人、某个社会、某个国家或民族所必需的，而是世界上所有的人所必需的。尽管历史上的人与人之间、国家与国家之间、民族与民族之间存在着斗争，存在着冲突，然而从人类历史的长河来看，从人们个体的诉求来看，谁不

①金庸，［日］池田大作：《探索一个灿烂的世纪》，北京：北京大学出版社，1988年，第133－134页。

②［日］池田大作，［伊朗］马吉特·德拉尼安：《21世纪的选择》，北京：商务印书馆，2010年，第21页。

③［日］池田大作，顾明远：《和平之桥》，北京：教育科学出版社，2014年，第170页。

渴望在和平共生的世界里生存呢？正如池田大作所说："世界上不论什么地方的母亲，养育孩子都不会是为了把他们送上战场。我们必须缔造一个母子能够和平、安心生活的社会。"① 教育家应该帮助青年一代树立坚定的和平信念，唤醒其人类意识，这是和平教育的重大责任。唤醒人类意识的根本目的在于加强人类的团结以应对人类共同面对的问题。被称为"世界性问题"的环境问题、能源问题等，需要不同国家、不同民族、不同区域的人们共同努力去解决，世界才会充满和平的气息。因而和平教育要加强青年的全球性意识，教育其人类命运共同体意识和责任感，鼓励他们积极参与到和平世界的构建中。

（三）驱动功能：帮助青年树立和谐的生命观

现在大学的生命教育普遍缺失，仍然只注重知识传授，而忽略了生命价值的教育，不能让青年从生存的价值和人生的意义上去理解生命的意义，进而导致他们一旦遇到挫折和失败，自杀、伤害他人及动物等漠视生命的现象频繁发生，不但对家庭和社会造成非常严重的打击，也不利于社会的和谐稳定。池田大作的生命观蕴含着积极的生命教育思想，珍视生命、尊重生命、和谐共处、创造人生价值，为开展和平教育提供了很好的支点。在与青年人的谈话中，池田大作多次强调生命的宝贵，生命的尊严是至高无上的，反复教育青年人一定要珍爱生命。"没有比生命更珍贵的宝藏，大家都拥有这个宝藏，因此每个人都是无可取代的珍贵的存在"②。由此可见，池田大作对生命的尊重和敬爱。

池田大作在基于对生命的尊重和理解的基础上，提出"以人为本"的教育价值观。池田大作认为，"生命"的存在是人最宝贵的。因为"生命是尊严的。就是说，它没有任何等价物。任何东西都不能代替它"③。池田大作强调，生命的尊严是人的最高价值，"作为人类行为基准的价值体系

①[日] 池田大作，[美] 杜维明：《对话的文明：谈和平的希望哲学》，卞立强，张彩，译，成都：四川人民出版社，2007年，第9页。

②[日] 池田大作：《我的人学：下》，潘金生，庞春兰，译，北京：北京大学出版社，1990年，第261页。

③[日] 池田大作，[俄] 里哈诺夫：《孩子的世界》，卞立强，李立，译，北京：中国文联出版社，2002年，第35页。

是多种多样的。比如说，有人主张一切价值是个人爱好的问题。也有人以社会体制中产生的价值基准——财务、社会地位、娱乐等价值作为行动规范。还有人把克服贪欲、爱、求知欲作为基准。”池田大作所强调的与别人不同的是，他把生命的尊严作为最高的价值，作为普遍的价值基准，“生命是尊严的，比它再高贵的价值是没有的”①。

池田大作主张维护生命的尊严，鼓励青年尊重他人的生命，树立全球的共同利益观，强调培养青年的内心和平观念，形成宽容、理解、关心、共生的品质。由此可见，池田大作的生命教育驱动青年通往人类和谐、促进世界和平的方向。和谐的生命教育价值在于追求生命的意义，池田大作寄语青年人不要甘于平庸，“平庸的生活使人感到一生不幸，波澜万丈的人生才能使人感到生存的意义”，主张青年人不论身处何种环境，都要找到生存的意义，充实自己，为别人的幸福贡献力量②。

三、和平教育视域下青年价值观教育的实现途径

将和平教育融入青年价值观教育是一项复杂的系统工程，单凭某一种教育实践活动很难取得良好的效果，既要充分发挥学校和平教育的第一主课堂作用，又要坚定教师传播和平思想的信念，提高学生开展文明对话的自觉性，形成立体化的教育体系，才能达到最好的教育效果。

（一）学校积极展开和平教育

追求和平是人类生活的永恒主题，青年的和平价值观离不开学校的教育与实践。和平教育倡导尊重生命、正义、团结、合作、宽容、社会责任等价值观，显然和平教育能有力地推动青年人格的完善。无论哪个国家，都要把培养人的德性和高尚品格放在最重要的位置，这也是世界和平的基础和希望所在。青年和平价值观教育离不开课堂，要将和平教育内容增添到教材中，培养青年的人类命运共同体意识和世界责任感，以和平友好的方式尊重他人，与他人、与集体和平共处，以和平文明的方式解决矛盾，促使他们真正投入到世界和平、人类进步和人类幸福的实践中。池田大作

①何劲松：《池田大作及其“人学思想”》，载《日本学刊》1995年第6期。

②冉毅：《池田大作“创造价值”的幸福论》，载《伦理学研究》2002年第1期。

对学校教育的目的和意义有着深刻的认识，他认为学校应该积极开展和平教育，让学校成为教育和平力量的堡垒。因而池田大作创办了创价大学，其建校精神之一就是要“成为坚守人类和平的要塞”。

为明确教育的责任，揭示教育的真正目的，使学生能成为为了民众的幸福与和平而奋斗的人才，为学校教育指明方向，池田大作在创价大学建成开学之际赠送了一对青铜雕像。其中一个台座上刻着：“诸君莫忘，为何磨练睿智。”他指出：“学问与学历本来并不是为了出人头地的工具，而是为了给人们的幸福做贡献，甚至可以说，在大学学习，是为了替那些不能上大学的人服务、奉献。”① 池田大作在创价大学开学时曾这样鼓励学生：“人生的价值只诞生于劳苦与使命之中。”为了人民、为了和平这种崇高的使命而勇于挑战艰难困苦，才能创造最充实的“人生终极价值”②。池田大作还认为不同的学校应该有共同的教育指向，那就是“‘为了人的教育’，这种教育不是教条地把人塑造为某一特定的模型，而是把人自身所具有的丰富的力量引导出来，使个性得到伸展，并使之为人类的和平与幸福做出贡献”③，并进一步表明他从事教育的决心和目标：“我今后最大的工作就是教育，怎样才能把21世纪的人类引向幸福与和平的方向，我心里只有这一点。”④

（二）教师坚定传播和平思想

教师是神圣的职业，是关系青年发展和人类社会发展的重要职业。教师的人格、思想和信念直接关系着青年的成长。池田大作肯定了“教师是最重要的教育环境”，甚至说“‘教育革命’可以说是起始于‘教员革

①[日] 池田大作：《创价大学——新·人间革命》，SGI通讯，译，吉隆坡：马来西亚创价学会，2005年，第14－16页。

②[日] 池田大作，顾明远：《和平之桥》，北京：教育科学出版社，2014年，第98页。

③[日] 池田大作，顾明远：《和平之桥》，北京：教育科学出版社，2014年，第106页。

④[日] 池田大作：《创价大学——新·人间革命》，SGI通讯，译，吉隆坡：马来西亚创价学会，2005年，第111页。

命’。教员不好，学生就不会好”①。由此可以看出，池田大作把教师视为教育成败的关键。因而，教师在和平教育的实践过程中扮演着重要的角色，教师所要具备的素养是最基本的任职条件。对此，池田大作指出，“可以担任教师的人，一定要是人格高尚而又知识丰富的，足以教育承担下一时代重任的青少年的人”，并多次讲道，“作为教师必须有自己坚定的信念，必须成为一个值得学生尊敬的人。今天特别要求教师在这个意义上觉悟，感到自豪并具有责任感”②。从这个意义上来说，教师要坚定地树立和平主义信念，并将和平思想传递给青年，这是和平主义教育实现的直接途径。

池田大作认为，“教育交流是最稳妥、最坚实、最永久的创造和平的推进力”③。他深信，教育的全部价值在于追求人类进步和人类幸福，而教师不仅是教育活动的组织者、人类文明的传播者，更主要的是，教师是教育能否实现其价值的关键，是人类自身进步的促进者和人类幸福的缔造者④。因此，池田大作对教师寄予很高的期望，教师帮助青年树立和平的坚定信念，是开展和平教育的宝贵人性基础，也是和平教育的重大责任。教师与学生的关系以及他们之间的接触方式直接关系着如何培育青年的和平力量。池田大作认为教师应该鼓励学生，多用关爱的对话去发掘价值，建立起以人为本的教育观，进而培育出坚实的和平友好观念，这也是培育世界公民最可靠的途径。

（三）青年自觉开启文明对话

对话是连结人与人、民族与民族、文明与文明的不可或缺的方式，青年间的对话是和平的重要基础，也是文明的重要标志。池田大作认为，“对话是从精神上熏陶众人生命中蕴藏的善的力量，让自己与他人共同提

①陈锋，高桥强：《中外学者论〈展望二十一世纪〉》，武汉：华中师范大学出版社，2006年，第127页。

②[日]池田大作，[德]狄尔鲍拉夫：《走向21世纪的人与哲学》，宋成有等，译，北京：北京大学出版社，1992年，第260页。

③[日]池田大作：《和平与教育》，第四届池田大作国际学术研讨会献辞，2008年，第3页。

④[丹]安徒生，[德]格林，[日]池田大作：《世界名人童话集》，赵琼，孙敏，译，北京：作家出版社，2000年，第265页。

高，为和平与幸福的追求的和谐王道”①。他还坚信，对话是打开和平的钥匙，正是基于这一信念，池田大作从20世纪70年代开始就走访世界各国，与1600多位政要、学者、大师等进行对话，希望架构起文明对话的精神丝绸之路。池田大作深信，“‘对话的文明’的丰饶大地，乃是虚心学习人类的多样性，追求人类普遍的伦理，就会盛开美丽而馨香的‘和平文化’的花朵”②。也就是说，池田大作希望青年能够自觉开展文明对话，尊重差异，互相宽容，互相学习。

池田大作非常重视青年之间的对话和交流，他认为，青年的交流是通往和平友好的道路。“经济上有深厚的关系，但彼此‘心’与‘心’深处的理解却几乎没有什么进展。所以重要的是民众之间的交流，特别是青年的交流。因为青年创造未来”③。池田大作还指出，“对话的文明”距离我们并不遥远，而是就在我们的身边，与身边的人、邻国的人进行面对面的交流就是一种文明的对话。“我们绝不能放弃‘对话’，始终要以‘对话’为中心主轴，我们要使这样的生活方式渗透到地球社会，以建构人类所期待的‘对话的文明’”④。

①[日] 池田大作，[美] 杜维明：《对话的文明：谈和平的希望哲学》，陈鹏仁，译，台北：正因文化事业有限公司，2014年，第7-8页。

②[日] 池田大作，[美] 杜维明：《对话的文明：谈和平的希望哲学》，陈鹏仁，译，台北：正因文化事业有限公司，2014年，第226-227页。

③[日] 池田大作，[美] 杜维明：《对话的文明：谈和平的希望哲学》，陈鹏仁，译，台北：正因文化事业有限公司，2014年，第225页。

④[日] 池田大作，[美] 杜维明：《对话的文明：谈和平的希望哲学》，陈鹏仁，译，台北：正因文化事业有限公司，2014年，第226页。

后　记

本书是广东省社会科学院、中山大学南方学院和日本创价大学共同举办的“和平·分享·行动——2017’池田大作思想研讨会”论文结集。收入池田大作先生亲自为研讨会发来的贺词及论文作者的论文14篇。论文观点大多集中于池田大作的和平思想，有学者研究了池田大作和平思想的核心内容、构建世界和平的具体主张及其推动世界和平的实际行动；也有学者探讨了池田大作和平教育思想及其贯穿于高等教育理念中的人本主义立场；还有学者探讨了创价教育“人格价值”的内涵和社会意义等。全书内容对于增强人民的和平意识，促进人们树立人类命运共同体理念具有一定的现实意义，期望对于中日友好和世界和平、中日文化交流发展具有一定的推进作用。

本书沿袭了过去的做法——目录编排没有将论文分类，而是按照作者的姓氏拼音来编排，这样的处理方法也是一种新的尝试。

值此出版机会，谨对池田大作先生对研讨会寄予厚望的贺词及论文作者的积极贡献，对热心支持本书出版的荒井富美子女士和华南理工大学出版社表示崇高的敬意和衷心的感谢。

由于编者水平所限，书中难免有疏漏和不足之处，期望读者批评指正。

编　者